Amacord

Galopp zwischen Hier und Jenseits

Eine wahre Geschichte
einer tiefen Verbindung,
gelebt in dieser Welt und im Jenseits.

Renate Gasser

Lektorat & Herausgeber: Tanja Alexa Holzer,
Wortfeger Media GmbH, wortfeger.ch

2. Auflage, Februar 2015
ISBN 978-3-906095-64-6

Als eBook ebenfalls erhältlich.

***

Herstellung: BoD – Books on Demand, Norderstedt
Die Deutsche und Schweizer Nationalbibliotheken verzeichnen
diese Publikation in der Nationalbibliografie; detaillierte
bibliografische Daten sind im Internet über
www.dnb.de und www.nb.admin.ch abrufbar.

Einleitung

Wir schrieben das Jahr 1991. Mein Leben stand kopf. Nach zwei misslungenen Beziehungen hatte ich mich soeben dazu entschieden, in eine eigene Wohnung zu ziehen. Ein schwieriges Unterfangen für mich. Ich lebe nicht gerne alleine, weil ich vor allem die Nächte nicht gerne alleine verbringe. Weit gefehlt, es geht hier nicht um die Nacht zu zweit, sondern vielmehr darum, dass ich mich wohler fühle, wenn jemand Irdisches neben mir ist. In der Nacht werde ich sehr oft mit Anliegen von verstorbenen Personen «zugespamt».

Das klingt jetzt wahrscheinlich sehr ausserirdisch, ist es aber nicht. Ich liege im Bett und habe Angst vor dem Einschlafen, weil ich kurze Zeit später eh wieder geweckt werde. Das heisst, ich bekomme plötzlich Atemnot, alles fängt an zu vibrieren und dann werde ich aus meinem Körper heraus geschleudert. Meine Landung erfolgt zwar sanft, jedoch in einer anderen Daseins-Ebene. Und dort darf ich den Anliegen Verstorbener zuhören. Selbst bin ich unfähig, bei den Gesprächen zu kontern, weil ich einfach nur Angst verspüre. Irgendwann werde ich dann wieder zurück in meinen Körper katapultiert. Von meiner Umwelt allein gelassen – wer will sich diese Geschichten schon anhören? – stehe ich am nächsten Morgen auf und versuche, mich wie ein normaler Mensch durch den Alltag zu leben.

So und nun das, ich stand also vor dem für mich sehr einschneidenden, nicht gerade freudigen Entscheid. Ich nahm mir eine eigene Wohnung und stellte mich gewollt oder ungewollt diesem Abenteuer «Ego-Dasein».

Ob ich mir für meine persönliche Zukunft einen Lebenspartner als Mensch oder Tier wünschte? Sogar diese Antwort, wer mich begleiten würde, stand in den Sternen geschrieben. Immerhin durfte ich aus so viel Urvertrauen schöpfen, dass ich mit vollem Bewusstsein wusste: Diese Antwort war bereits geschrieben.

Dann trat René in mein Leben. Jung, gross, rebellisch, Jeans und Lederjacke und – einen alten Militärjeep brachte er auch noch mit. Mein Umfeld fing an, mich bei jeder Gelegenheit darüber in Kenntnis zu setzen, wo und wann sie mit dem Reni-Typ, wie er interessanterweise von allen genannt wurde, in Kontakt kamen. Nur mir war das Ganze noch nicht so geheuer.

Nach einem selbstverschuldeten schlaflosen Wochenende – ich war mit einer Freundin unterwegs gewesen – kam ich an einem Montagmorgen so zerknittert ins Geschäft, dass ich in der Pause zuerst etwas Schokolade und Kaffee als Aufputschmittel an einem Automaten holte. Plötzlich stand René vor mir. Total überrascht liess ich mich das erste Mal von ihm in ein Gespräch verwickeln. Ich fragte sogar nach seinen Ferien, denn ich hatte ihn letzte Woche nie gesehen. Der Grund für seine Abwesenheit war jedoch eine Schulung ausser Haus gewesen.

Am Abend rief er mich im Geschäft an, um mich einzuladen. Die Telefonistin kam grinsend ins Büro, um mir zu sagen, der Reni-Typ sei in der Leitung und verlange nach dem Fräulein links neben der Zentrale. Mein Chef schmunzelte ebenfalls und zeigte nach oben in Richtung Renés Büro. So lauschten diesem Telefongespräch, unserer ersten Verabredung, mindestens acht Ohren.

Es war eine kurze Zeit des Genusses, unsere Einstellungen zu einer Beziehung schienen sich nicht zu decken. René erklärte mir, was er alles noch im In- und Ausland erleben wollte und ich erklärte ihm, auf was ich mich in einer Beziehung nicht mehr einlassen würde. So trennten wir uns in gegenseitigem Einvernehmen um 3 Uhr nachts. Am nächsten Morgen stieg ich aufs Pferd und heulte drauflos. Ich ärgerte mich anhaltend darüber, dass mir dieser Typ nach so kurzer Zeit einschneidend wichtig war und ich dies mit einer so grossen Intensität spürte, als nähme man mir jetzt etwas weg, das ich schon sehr, sehr lange kannte.

Na ja, es dauerte zwei Tage, bis das Telefon erneut klingelte und der Reni-Typ mich zum Mittagessen einladen wollte. Ich sagte ab. Heute nicht. Es ginge, frühestens, morgen.

Inzwischen sind über 20 Jahre vergangen. Dem Jeep folgten noch weitere alte, laute, verrückte Fahrzeuge und – das Pferd der Pferde – AMACORD!

Anfang

Gerade stieg ich aus dem Sattel, als mich die Vorbesitzerin von Amacord lange ansah, um dann aus tiefstem Herzen zu sagen: «So möchte ich dieses Pferd auch einmal reiten!»

Ich sah erstaunt zurück und fragte mich insgeheim, was jetzt daran so speziell gewesen war? Erst später durfte ich meine Erfahrungen machen, warum es alles andere als selbstverständlich war, die Liebe, das Vertrauen und den Goodwill dieses Pferdes empfangen zu dürfen. Ja, ich fühlte mich von der ersten Sekunde an in seinem Sattel zuhause. Ja, ich spürte das Temperament, welches ihn auch als ehemaliges Rennpferd auszeichnete. Und ja, ich erlebte die wohlgesinnte, offene, starke, selbstbewusste Art, welche seinen Charakter so unbeschreiblich einzigartig machte.

So sah ich Amacord das erste Mal bewusst in seine dunklen, ruhigen und doch immer schelmisch funkelnden Augen und versank in der Tiefe seines Wesens. Die grosse Liebe zwischen zwei unterschiedlichen Lebewesen folgte ihrem eigenen Lauf.

Auf Achse

1998, inzwischen waren René und ich verheiratet, ich hatte einen guten Job, indem ich mich sehr wohl fühlte und unsere junge Hündin Paquita bereicherte ebenfalls unser Dasein. Und doch sehnte ich mich nach einer Auszeit. Ich benötigte dringend Luft, um einiges für mich zu klären: Wie sollte die weitere Zukunft eigentlich aussehen?

Obwohl ich neue Gegebenheiten, egal ob lustig oder traurig, immer mit viel Gottvertrauen annahm und auch hinter jeder Niederlage einen positiven Sinn sehen konnte, wurde ich unruhig, suchte nach Antworten und Klarheit für meine nähere Zukunft. Im Trubel des Alltags fand ich beides nicht.

So entschied ich über Pfingsten, Amacord zu satteln und loszureiten – auf der Suche nach Schlüsselerlebnissen und Antworten sowie um zu lernen, eigene Grenzen zu überwinden.

Pfingsten 1998

Dieser Text ist meinem Mann gewidmet, der trotz einer absolut schwierigen, chaotischen Zeit zu mir hielt und mich den Weg zu mir selbst finden liess.

Donnerstag, 28.5.98

Amacord war gewaschen und frisiert. Danach Marschrunde mit Paquita. Amacord machte sein übliches Spielchen: An mir vorbei traben, stoppen, fressen, an mir vorbei traben, stoppen, fressen ... Eigentlich war somit beiden gedient. Amacord kam zum Fressen und ich konnte in meinem Tempo und ohne Unterbruch vorwärts marschieren. Wieder retour im Stall musste Paquita natürlich bereits wieder vom für morgen bereitgestellten Futter von Amacord naschen.

Freitag, 29.5.98

Tag der Abreise: Amacord sah mich fragend an, als ich am frühen Morgen erschien, ihm den Futterkübel vor die Nase setzte und neben ihm das ganze Gepäck aufstapelte. Um 8 Uhr konnten wir starten.

Eigentlich war ich überrascht, dass ich immer noch so ruhig und zuversichtlich an dieses Unternehmen heranging. Sogar mein jüngster Bruder hatte bezüglich meinem Orientierungssinn witzelnd gemeint, er hätte nicht gedacht, dass sie mich so einfach los werden würden ... Irgendwie war ich einfach davon überzeugt, dass Amacord und ich es schaffen würden.

Tatsächlich fanden wir die Wege! Erst im Embracher Wald, dem ohnehin fürchterlichsten Wald, den ich kenne, standen wir vor dem ersten Problemchen. Auf einem überwucherten, steil abfallenden Pfad lag quer über unseren Weg ein riesiger Baum. Umgehen konnten wir ihn nicht, da es links vom Baumstamm fast senkrecht hinunter und rechts dafür steil nach oben ging. Darüber springen konnten wir nicht, weil Amacord ansonsten samt Gepäck am Baum hängen geblieben wäre. Umkehren konnten wir ebenfalls nicht ...

Somit mussten wir den Weg im Rückwärtsgang nach oben antreten. Ich wusste, dass dieses Unterfangen blindes Vertrauen von meinem Pferd voraussetzte.

Amacord schritt, ohne zu zögern, aufgrund meiner Zeichen retour. Irgendwo schafften wir es zu wenden und gelangten schlussendlich wieder an den Ausgangspunkt.

So, nun musste ich die Karte vollumfänglich selbst in die Hand nehmen. René und seine für uns eingezeichneten Wege – nicht einmal ein umgekippter Baum war darauf zu erkennen! Auf meinem selbstgewählten Weg gab es keine liegenden Bäume – dafür eine Treppe. Ich lief neben Amacord her, sagte nur: «Amacord pass auf.» Und los gings über die Stufen hinab. In Embrach angekommen, gab es saftige Weiden für Amacord und ein feines Mittagessen für Reni.

Nach knapp zwei Stunden waren wir erneut unterwegs. Frech verbesserte ich Renés eingezeichnete Route und durchquerte die Wälder, anstatt den sicheren Waldrändern zu folgen. Erst als wir in Neftenbach aus dem Wald kamen, wurde ich unsicher. So ritten wir den nächsten Hof Taggenberg an und danach den Oberradhof. Total vertieft ins Wege abzählen, bemerkte ich gar nicht, dass ein Autofahrer extra ausgestiegen war, um uns zu helfen. «Wissen Sie nicht, wo sie stehen?», fragte der freundliche Mann. «Halte ich die Karte so falsch in den Händen, dass sie mir das ansehen?», fragte ich zurück. Er lachte: «Nein, aber ich habe sie schon auf dem letzten Hof in alle Richtungen reiten sehen.» Er bestätigte mir meine inzwischen erlangte Vermutung, in welche Richtung wir zu reiten hatten, und zeigte mir einen neuen Weg über eine Autobahn, welche auf der Karte noch gar nicht existierte.

Auf der Autobahnbrücke liess ich Amacord alleine stehen, um ein Foto zu knipsen. Er sah unterdessen gelassen über die Brücke hinunter. Vor Oberohringen stellte ich fest, dass die dicken schwarzen

Linien auf meiner Karte die Eisenbahn kennzeichneten. Nachem wir das Industriegebiet durchquert hatten, führte unser Weg durch eine traumhaft malerische Landschaft. Ich vergas das Heute und das Morgen und träumte gedankenverloren vor mich hin: in der einen Hand die Landkarte, in der anderen Hand das Fantafläschchen, die Zügel hingen irgendwo lose über Amacords Hals. Mit dem Hund, der hinter dem Gehöft, welches wir gerade passierten, bellend hervorgeschossen kam, hatte ich natürlich nicht gerechnet! Doch meine «Lebensversicherung Amacord» liess mich nicht im Stich. Er trottete unbeirrt weiter.

Ich war stolzes Mitglied unseres Zweierteams und schätzte mich sehr glücklich, so einen Kameraden an meiner Seite wissen zu dürfen. Während mir noch der Schreck in den Knochen sass, liess sich Amacord durch nichts aus der Ruhe bringen.

Irgendwo überquerten wir dann die Eisenbahn. Natürlich wollte es der Zufall, dass wir genau in der Mitte der Eisenbahnbrücke standen, als der Zug untendurch brauste. In Reutlingen nahmen wir die Unterführung, um auf die andere Seite der Auto- und Eisenbahn zu gelangen. Vor lauter im Kreislaufen wusste ich natürlich nicht mehr, in welcher Richtung Seuzach und in welcher Stadel lagen. Mit dem Kompass, dem ich natürlich nicht glaubte, in der einen Hand und der Karte in der anderen fragte ich den nächsten Velofahrer. Er gab uns freundlich Auskunft, seiner Mimik an entnahm ich, dass ihn mein «Kompass-zur-Zierde» irritierte. Ich ärgerte mich über mich selbst, doch kurz darauf stellte ich fest, dass es noch schlimmere Kartenleser wie mich gab. Zwei Frauen mit Hund hielten mich an, um Amacord zu bewundern. Nach anfänglich neugierigen Fragen fingen sie an, eifrig zu diskutieren, welcher Weg nach Rickenbach nun der schönste für uns sei. Meine Landkarte war ich los ... Doch trotz wichtigem Kartenstudieren wurden sich die beiden nicht einig. Die eine Frau erfand kurzerhand tatsächlich einen «Weg» quer durch den Rebberg. Ich dachte für mich: «Einfach nicht zuhören, freundlich bedanken und weiterreiten.» Nach Schnittmustertechnik Karten lesen und Wege erfinden, konnte ich auch selbst. Am Rebberg entlang wollte Amacord, wie schon so oft, wieder Gas geben. Diesmal gab ich seinem Drang nach. Ich sagte nur: «Wenn du willst ...» – und fort waren wir. Kurz vor Rickenbach, nach knapp acht Stunden reiner Reitzeit, nahm ich das Gewicht dann nochmals kurz aus dem Sattel. Ich konnte Amacord gerade noch bremsen, bevor er in den Renngalopp verfiel. Woher nahm er jetzt wohl noch so viel Power? Im Stall angekommen, zog er eine richtige Show ab, dass die erste Bemerkung des Stallbesitzers mich eigentlich nicht überraschte: «Ich wusste nicht, dass sie mit einem Hengst kommen.»

Nachdem ich Amacord mit Essigwasser abgewaschen und seine Beine gekühlt hatte, erschienen René und Paquita mit Jeep. Amacord bekam sein Futter von Daheim und schien, bereits total zufrieden mit sich und der Welt, seine Gastboxe zu geniessen. Nach einem feinen Nachtessen fuhren René, Paquita und ich mit dem alten Militärjeep in die Höhe und schlugen unser Nachtlager am Rande eines Rebberges auf. Zum Jeep passend übernachteten wir auch unter zusammengeknüpften Militärblachen. Paquita durfte den Wachhund spielen. Irgendwann in der Nacht kam sie dann ins Zelt gekrochen und machte René den Platz streitig.

Samstag, 30.5.98

Am Morgen fuhren René und Paquita wieder heimwärts. Amacord und ich nahmen den nächsten Reisetag in Angriff. Wir ritten durch ein traumhaftes Gebiet. Das Wetter war wärmer, aber immer noch angenehm.

Oberhalb von Islikon rannten uns neugierige Kühe hinterher. In Reih und Glied, wie die Soldaten, stellten sie sich am Ende des Zaunes auf. Amacord interessierte sich für das saftige Gras und liess sich von den Kühen nicht beeindrucken. Kurz darauf kamen wir wieder in den Wald. Trotz der angenehmen Kühle wäre uns ein Brunnen oder ein sonstiges Gewässer gelegen gekommen. Doch wir konnten unsere Köpfe verdrehen wie wir wollten, einen Brunnen konnten wir nirgendwo sichten. Als wir im nächsten Weiler eintrafen, fanden wir dafür tatsächlich hintereinander drei Brunnen. Doch es war wie verhext. Jeder einzelne war mit einem Schild versehen, auf dem stand: «Kein Trinkwasser!» Dass es so etwas in unserer Schweiz überhaupt noch gab! Unserer Empörung Luft zu lassen, half uns leider auch nicht weiter.

Wieder einmal war es Amacords Ausstrahlung, welche uns aus der Patsche half. Ein Mann kam spontan auf uns zu und stellte erstaunt fest: «Fast unglaublich, dass dies möglich ist: ein Vollblüter unter dem Westernsattel. Und so wie ihr ausschaut, seid ihr nicht erst seit einer Stunde unterwegs. Kann ich euch helfen?» Auf unsere Bitte hin nach einem Schluck Trinkwasser führte er uns zu seinem Stall.

Er habe auch Vollblüter, erzählte der Mann uns. Doch leider könne er von solchen Ritten nur träumen. Seine «Galopper» seien für solche Unterfangen zu nervös. So waren wir bald in ein angeregtes Gespräch verwickelt. Nebst dem Wassertrinken durfte Amacord auch noch etwas weiden, während mir die Frau des Hauses stolz den modernen Stall präsentierte.

Nach kurzer Rast gings weiter, dem letzten Aufstieg über den Schneitberg Richtung Elgg entgegen. Verunsichert fragte ich mich, ob diese Grasnarbe wohl wirklich dem eingezeichneten Weg auf der Karte entsprach? Amacord sah nach links und rechts, ganz nach dem Motto: «Falls die da oben wieder einmal nicht weiss, wo wir stehen, muss ich mich wenigstens zurecht finden.»

Anscheinend hatte ich die Karte doch richtig gelesen – wir kamen auf der Elgger Seite an. Doch dort endeten die Wege erneut – zumindest auf meiner Karte. So fragte ich eine Frau in einem Schrebergarten nach dem richtigen Weg nach Elgg. «Sie sind in Elgg», war ihre erstaunte Antwort. Der Ortsteil Giessental war unser Ziel.

Bei meiner Freundin angekommen, durfte Amacord sofort auf die Weide. Zu seiner Freude war dort auch der Freundin ihr Muli Cäsar. Amacord erholte sich wieder einmal kaum vor Freude. Schon witzig, dass Amacord die schönste Vollblutstute «nicht mit dem Hinterteil anschaute», ein Muli jedoch sein Herz sofort zum Hüpfen brachte. Er hatte auch sofort das Gefühl, für die Herde (zwei Ponys und Cäsar) verantwortlich zu sein und liess seine Schützlinge auf der Nebenweide nicht mehr aus den Augen. Vor lauter «Theater», als die drei hinter den Bäumen verschwanden, warf er beinahe den Vater des Stallbesitzers um. Als René mit dem Futter kam, war die Welt für Amacord wieder in Ordnung. Meine Freundin und ich gingen noch mit Cäsar laufen. Er benahm sich hervorragend. Sie erzählte mir, dass er zurzeit eine unmögliche Phase hatte und zwischendurch wegen einem Fahrrad oder sonst einer Banalität mit voller Kraft davon stürmen konnte. Wir sassen in dieser Nacht noch lange unter der Pergola bei unseren Freunden. Wie schon so oft konnten wir Frauen ohne Unterbruch über Gott und die Welt diskutieren. Trotz der Hitze, welche der Nachmittag noch gebracht hatte, war von Müdigkeit keine Spur vorhanden.

Sonntag, 31.5.98

An diesem Morgen studierten wir Frauen für den Heimweg die Karte. Die Männer waren an dummen Sprüchen nicht verlegen. Aber was solls. Wir hatten doch den Weg bis Elgg gefunden, so würden wir sicher auch das nächste Ziel erreichen. Nach einem reichhaltigen Frühstück ging es wieder ans Packen. Bei dem Stallbesitzerpaar gab es noch einen Abschiedstrunk – fast zu schön, um schon zu gehen. Doch wir hatten an diesem Tag noch viel vor uns.

Meine Freundin begleitete uns ein Stück mit dem Roller. Natürlich konnten wir nicht einfach so Abschied nehmen und quasselten erneut eine ganze Weile. Ich vertraute ihr meinen eigentlichen Grund für diesen Ritt an. Ihre Worte sagten im Moment nicht viel aus, doch entsprachen sie der Realität: «Versuche nichts zu erzwingen. Wenn die Zeit da ist, bekommst du auch die Antwort.» So trennten sich unsere Wege.

Als Amacord und ich den nächsten Wald in Angriff nahmen, merkte ich schon zu Beginn, dass die Wege nicht ganz mit meiner Karte übereinstimmten. Es sah so aus, als hätte man hier viele Änderungen vorgenommen. Ich liess mich davon nicht beeindrucken und fing an,

Distanzen zu schätzen, die Streckenlängen überprüfte ich mit Berechnungen über das Reittempo, um danach auf der Karte nachzusehen, ob dieser oder jener Weg darauf bereits existierte.

So fanden wir dann auch den verhängnisvollen Abstieg – man konnte ihn kaum anders nennen. Anfangs sah es nach einem schönen, weichen Wanderweg aus, welcher dann plötzlich wahnsinnig steil abfiel. Amacord und ich rutschten nebeneinander fast auf dem Hintern dieses Tal hinunter! Und schlussendlich standen wir vor einem Weidedraht.

Wir versuchten, uns bis an sein Ende entlang zu tasten. Irgendwo musste dieser Sch...draht doch enden! Das Ende kam tatsächlich, jedoch nicht jenes vom Draht ... Wir blieben im Dickicht stecken. Weder nach links konnten wir ausweichen, denn dort war der Draht, und auch nicht nach rechts, denn hier war der steile, rutschige Hang und um uns herum gabs nichts als Gestrüpp.

Amacord sah mich mit seinen dunklen, ruhigen Augen an. Von Angst keine Spur. Für das hatte er wohl schon zu viele unmögliche Situationen mit mir durchgestanden, um sich von so einem «Pfadfinder-Reni-Missgeschick» beeindrucken zu lassen. Ich entschloss, den Draht kurzerhand abzuhängen, was auch problemlos gelang. Mit einer Hand am Strom kitzelte es. Ich empfand die Stromstösse nicht als sonderlich dramatisch. Danach deckte ich den Draht mit dem Reitmantel ab, damit Amacord darüber steigen konnte. Er folgte meiner Aufforderung ohne zu zögern.

Mit einer so starken Stromübertragung durch die Hufeisen hatte ich jedoch nicht gerechnet.

Amacord erwischte einen derartigen Stromstoss, dass er erschro-cken zur Seite hüpfte und dabei im Draht hängen blieb. Dort stand er nun – bis zum nächsten Stromstoss. Dann hüpfte er nach vorne, der Draht blieb an ihm hängen. Danach drehte er sich um 180 Grad, der Draht wollte immer noch nicht fort. Als es ihm zu dumm wurde, stürmte er die nicht minder steile Weide hinunter – mit mir im Schlepptau, weil ich immer noch den einen Zügel in der Hand hielt. Ich folgte den 500 Kilos unfreiwillig wie ein Tiefflieger, bis mir einfiel, dass Amacord spätestens mit dem Reissen des Drahtes einen Vollstopp machen würde. Ich liess den Zügel los ... Als ich aufstand, sah ich, dass meine schwere Gurtschnalle weg war. Mit einer solchen Wucht war ich auf den Bauch gefallen. Ausserdem glich ich einem dreijährigen «Schnösel»: total verdreckt und von oben bis unten mit Schrammen übersät.

Doch für dieses Problemchen blieb im Moment keine Zeit, denn das wahre Problem kam erst auf uns zu. Amacord war, wie vermutet, stehengeblieben. Es interessierte ihn keinen Deut, was soeben geschehen war, denn vor ihm lag eine riesige Weide mit saftigem Gras.

Im gleichen Augenblick sah ich, wie eine Rinderherde in wildem Galopp einen weiten Bogen um Amacord zog und den Hang hinauf stürmte. Ich rannte auf direktem Weg nach oben und versuchte verzweifelt, den Draht zusammenzuhängen. Was natürlich unmöglich war! Jedes Mal, wenn ich die beiden Enden zusammenhielt, kam ein solcher Stromstoss, dass ich alles fallen lassen musste. Ich gab auf. Die Rinder standen nun auf meiner Höhe, aber sicher hundert Meter von mir entfernt in der anderen Ecke der Weide. Plötzlich sah ich, wie ein Rind auf dem unteren Weg hinauf gerast kam. Es musste, meinen Befürchtungen nach, am unteren Ende der Weide den Zaun durchbrochen haben.

Mit voller Geschwindigkeit rammte es nun auf Höhe seiner Kollegen erneut den Draht, welcher natürlich somit zum dritten Mal innert höchstens zwei Minuten sofort riss und was die ganze Meute erneut in Panik versetzte. Ich konnte nur dumm zusehen, wie die gesamte Rinderherde an der Stelle, an der ich den Draht einmal fein säuberlich abgehängt hatte, in den Wald verschwand.

Nun standen wir da, Amacord und ich. Kein Mensch war zu sehen, kein Schwein interessierte sich für uns. Ich nahm das Handy aus der Tasche und stellte Renés Nummer ein, kam jedoch nicht weit mit dem Erzählen, als ich einen Bauern auf mich zu stapfen sah.

Im ersten Moment dachte ich, er würde mich in der Luft zerreissen, doch weit gefehlt: Seine Frau hätte mich fast in der Luft zerrissen! Er hingegen nahm die Situation gelassen. Nach einer langatmigen Entschuldigung verrauchte auch der Zorn seiner Frau ein wenig.

Selbstverständlich bot ich an, beim Reparieren des Zaunes zu helfen. Der Bauer zeigte mir einen Anbindering für Amacord, welcher immer noch absolut zufrieden mit sich und der Welt neben mir stand. Auch der elektrische Draht, welcher nun keine zwanzig Zentimeter vor seiner Nase vorbeiführte, veränderte nicht seinen Gemütszustand.

Nachdem der Zaun wieder instand gestellt, Amacords Bein mit Wasser gekühlt und die Wunde gereinigt war, traf der Tierarzt ein. Er war überrascht, wie gut in Form Amacord mit seinen gut sechzehn Jahren war und meinte: «Dieses Pferd wird alt. Sie werden noch lange Freude an ihm haben.»

Nach gründlicher Begutachtung, frisch desinfiziert und mit einer verpassten Spritze ins Hinterteil hätten wir eigentlich unseren Weg fortsetzen können. Doch wie aus heiterem Himmel setzte nun ein massiver Hagelschauer ein. Der Bauer bot uns seinen Rinderstall als Unterstand an. Was sollte er auch sonst mit einem leeren Stall? Seine Rinder war er ja schliesslich losgeworden. Dank uns! Statt sich zu beklagen, bewirtete er uns auch noch sehr freundlich. Amacord erhielt einen grossen Haufen Heu und ich einen starken Kaffee. Wie ich im Nachhinein erfuhr, fanden sich die vom Schock gezeichneten Rinder erst am nächsten Tag wieder zu Hause ein.

Endlich konnten wir unseren Ritt fortsetzen Richtung Eschenberg. Wieder im Wald angelangt, fühlten wir uns richtig heimisch. Es roch nach Wildschweinen. Gesehen hatten wir jedoch keine. Auf die Karte schien wieder Verlass zu sein. Keine neuen Wege, keine Steilhänge, keine Aufregung ... richtig langweilig.

Als wir uns dem schönen Aussichtspunkt Bruderholz näherten, setzte wieder Hagel ein. Es gelang uns gerade noch rechtzeitig, unter ein grosses Scheunendach ins Trockene zu flüchten. Dort studierten wir wieder die Karte. Ja, ganz richtig gelesen: «wir». Amacord war sehr hilfsbereit. Er musste ständig seine Nase hinein stecken und die Karte mit Rüebli und sonstigem Grünzeug vollsabbern. Schliesslich nahm ich das Handy hervor und rief nochmals René an, um ihm unseren Standort bekannt zu geben. Ich konnte gerade noch sagen, dass ich versuchen werde, eine Übernachtungsmöglichkeit für uns zu finden. Worauf ich die Antwort bekam: «Mach, was du für richtig hältst.» Mit diesen Worten verabschiedete sich nicht nur René, sondern auch der Akku des Handys. Was für mich bedeutete, dass ich ab sofort ohne jegliche Verbindung zur Aussenwelt mitten in einem riesigen, mir fremden Wald stand. Die Hoffnung, Unterstützung von Drittpersonen zu bekommen, war damit schnell zunichte. Welches normale Lebewesen sollte sich auch freiwillig bei diesem Sauwetter auf dem Eschenberg aufhalten? Am besten noch mit irgendwelchen Samariterambitionen versehen, um zwei Vollblutchaoten, welche im Wald umherirrten, mit Rat und Tat zur Seite zu stehen? Nichtsdestotrotz: Mit den Worten «der Weg ist das Ziel» nahmen wir den Abstieg in Angriff.

In der Zwischenzeit waren wir trotz Regenschutz bis auf die Haut durchnässt. Ausser dass ich langsam zu frieren begann und Hunger verspürte, kam jetzt noch das Thema Dunkelheit hinzu. Wir waren auch mit einer Lampe ausgerüstet, dennoch hoffte ich insgeheim, vor dem Finstern den Weg aus dem Wald zu finden.

Amacord marschierte unbeirrt vorwärts. Ob er sich bewusst war, wie viel Mut, Zuversicht und Trost er mir in diesen Momenten zu geben vermochte? Vielleicht würde ich darauf nie eine Antwort erhalten, aber eines war sicher: Amacord war glücklich und zufrieden. Er genoss es sichtlich, ein fremdes Gebiet zu erkunden, anstatt in unserem alltäglichen Ausrittsgelände herum zu stolpern. Tief in Gedanken versunken bemerkten wir plötzlich, dass der Wald sich lichtete. Ha, auf meiner Karte musste dies der lang ersehnte Waldrand sein! Ich jauchzte vor Freude! Zum Glück war da immer noch dieses Sauwetter. So konnten wir wenigstens ungesehen und in aller Einsamkeit unseren Freudentanz aufführen. Einmal links herum, einmal rechts herum getanzt ...

Dieser Moment beantwortete mir meine an mich selbst gestellte Sinnfrage – mit einem klaren: «JA, jetzt bin ich bereit dafür.»

So, jetzt mussten wir nur noch den Weg zur Töss finden, dann über die Brücke, eine Autobahn überqueren – klingt alles sehr einfach und banal. Doch die nächste Aufgabe liess nicht lange auf sich warten. Die Töss fanden wir auf Anhieb, doch – oh Graus! – eine Reitverbotstafel zierte unseren Weg. Na und, viele Wege führen nach Rom, oder vielleicht auch nach Hause, wir ritten einen kleinen Umweg und versuchten uns parallel zum Fluss vorwärts zu bewegen. Auf meiner Karte fand ich sogar eine Brücke und einen Verbindungsweg zur Töss. Toll, jetzt also nur noch die Brücke überqueren.

Als wir diese erreichten, sah sie zwar wunderschön aus, war jedoch absolut ungeeignet für ein Pferd. Pech, kehrten wir eben wieder zu unserem Weg zurück und hielten weiter Ausschau nach einer geeigneteren Überquerungsmöglichkeit. Es dauerte nicht lange und wir trafen auf eine überdachte Holzbrücke. Ich stieg ab und genoss es, für eine kurze Zeit vom Regen verschont zu sein.

Die Autobahnbrücke und den Pfad am Bach entlang in Richtung Brütten fanden wir ohne weitere Zwischenfälle. Bis der Bach uns den Weg abschnitt. Weit und breit keine Brücke in Sicht, nur ein Baumstamm stellte die Verbindung zur anderen Seite des Tobels her. Umkehren? Nein, nein und nochmals NEIN. Amacord hatte die Schnauze voll von meinen Kartenlesekünsten.

Eine Weile verharrten wir an Ort und Stelle. Dann stieg ich ab und sah den mit Gestrüpp überwucherten Steilhang prüfend an. Nach kurzem Blick auf die Karte wusste ich, wo wir hochklettern mussten, um oben wieder auf einen Weg zu gelangen. Links und rechts ging es ebenso steil hinab wie nach oben. Wenn ich Amacord sein Tempo selbst einschlagen liesse, sollte eigentlich auch die Gefahr des Abrutschens gebannt sein, dachte ich mir. Wir holten nochmals tief Luft und los gings! Jeder wusste, was er zu tun hatte. Amacord ging voran, ich wie eine schnaubende Dampflokomotive hinterher. Irgendwie hatte Amacord einfach mehr Puste als ich. Oder lag der Zauber darin, dass Amacord bei solchen Touren konditionell immer stärker und ich immer schwächer wurde? Um Gedanken nachzuhängen, blieb keine Zeit. Wir mussten uns auf den Boden konzentrieren. Die Gedanken an die Folgen eines Fehltrittes blendeten wir zu diesem Zeitpunkt bewusst aus.

Irgendwann, ich weiss gar nicht recht wie, kamen wir oben heil an. Der Adrenalinschub flachte langsam wieder ab. Woher ich die Kraft nahm, wieder in den Sattel zu steigen, weiss ich auch nicht. Manchmal entwickelte man eben erstaunliche Kräfte. Die Karte würdigte ich keines Blickes mehr. Ich wusste nur, dass die Richtung stimmte. Nach einer geraumen Weile standen wir an der Ortstafel Brütten. Inzwischen war es ziemlich dunkel geworden, doch das störte uns nicht. Irgendwo fanden wir sogar eine Telefonkabine, um uns bei René zu melden. Er wirkte nicht nervös, wie ich es eigentlich vermutet hatte. Anscheinend hatte er mit unserem Ehrgeiz, Brütten zu erreichen, gerechnet. Doch noch einmal einstallen lassen, wollte er uns dann doch nicht.

So warteten wir, bis René mit dem Hänger zu uns kam. Die Wartezeit wurde sehr unterhaltsam und lustig. Es ging nämlich nicht lange, bis wir von einer Frau angesprochen wurden, welche uns gleich mit zu sich in den Stall nahm. Amacord wurde wieder einmal mehr mit saftigem Gras und Heu verwöhnt. Die Erschöpfung war plötzlich wie weggeblasen. Als René erschien, waren wir bereits wieder komplett aufgedreht und voller Tatendrang. So skurril es auch klingen mag, am liebsten wären wir gleich wieder auf eine neue Entdeckungstour gestartet.

Es waren wunderschöne, erlebnisreiche Tage, welche ich wohl nie vergessen werde. Soviel Freundschaft und Hilfsbereitschaft, wie uns entgegengebracht wurde, ist im normalen Alltag kaum vorstellbar. Irgendwie wurde man wohl als «Exot» angesehen, wenn man wie ein Cowboy durchs Land zog. Und doch spürte man die Bewunderung und auch ein klein wenig Neid. Ich merkte, dass das, was für mich grenzenlose Freiheit bedeutete, auch von anderen Menschen als solches angesehen wurde. Schade, dass vielen der Mut für so ein Abenteuer fehlt. Vielleicht fehlt auch das richtige Pferd? Zeitweise total abgeschieden, nur auf Amacord und mich selbst gestellt zu sein, schenkte unserer doch schon langjährigen Beziehung eine neue, noch grössere Bedeutung. Es war ein absolutes Geben und Nehmen von Vertrauen. Jeder hatte seine Aufgaben und doch waren wir beide auch für den anderen verantwortlich. Nun verstand ich auch den Satz: «Richtig reiten heisst: die Kommunikation zwischen Reiter und Pferd in der Abgeschiedenheit.»

Mich hat dieses Abenteuer auf meinem persönlichen Weg einen grossen Schritt weiter gebracht.

Lernen

Die Jahre vergingen, Amacord und ich lernten uns immer tiefer und intensiver kennen. Wir spürten uns auch auf Distanz und konnten uns gegenseitig über Telepathie «ankicken» – und das konnte er penetrant und ohne locker zu lassen. Wenn ich erst nach seiner dritten Message bei ihm erschien, schnaubte er mich böse an. Doch, er forderte nie grundlos meine Hilfe. So wurde er mein tiefster Freund und der einzige, der wirklich alles von mir wusste. Mit ihm konnte ich die Erlebnisse, welche ich mit der geistigen Welt hatte, verarbeiten und besprechen. Wenn ich mit den Menschen darüber reden wollte, begegnete mir Ablehnung. Immer wieder wurde ich zurechtgewiesen, immer wieder bekam ich zu spüren, dass diese Fähigkeit, auf verschiedenen Daseins-Ebenen diskutieren zu können, als utopisch angesehen wurde.

Es gab sogar eine Zeit in meinem Leben, in der ich mich fragte, ob ich wirklich so abnormal war? Eine kurze Zeit dachte ich darüber nach, ob ich mich von der Brücke stürzen sollte, weil ich einfach nicht mehr mit den Widerlegungen meiner Umwelt klarkam. Und doch wurde ich immer weiter in meine Berufung getrieben. Als die Weggabelung unausweichlich war, wurde mir klar: Wenn ich mich selbst sein wollte, musste ich zu meinen Eingebungen stehen. Meine Ehrfurcht vor der geistigen Welt wuchs von Tag zu Tag. Ihre Wesen liessen mich Bilder schauen und übermittelten mir tiefgreifende Eindrücke, welche in Schönheit und Umfang so unbeschreiblich waren, dass auf der irdischen

Ebene die Worte hierfür zuerst erfunden werden müssten. Mir wurde immer mehr bewusst, dass unsere Realität nur ein kleiner Teil eines riesengrossen Ganzen ist. Inzwischen hatte ich angefangen, bewusst aus meinem Körper rauszugehen und andere Ebenen zu erforschen. Amacord begleitete mich im Irdischen wie auch auf den Reisen in die geistigen Ebenen. Er fungierte für mich wie ein Rettungsanker, wenn ich selbst Unsicherheit verspürte.

So gab er mir auf der irdischen Ebene auch jede Schwangerschaft an, bevor ein Test sie anzuzeigen vermochte. Was darauf hinaus führte, dass ich sogar von einer Freundin angesprochen wurde: «Bist du wieder schwanger? Amacord verhält sich so anders in deiner Nähe.» Amacord achtete auf mich und das ungeborene Leben. Doch viele im Umfeld konnten das nicht verstehen. Einmal durfte ich mir sogar anhören: «Fühlst du dich nicht als Mörderin, in diesem Zustand noch zu reiten?» In einem unverstandenen Moment hinterliess ich eines Morgens meinem Mann einen kurzen Brief mit den Worten «bin Reiten». Die Einzigen, die mich verstehen würden, wären der liebe Gott und Amacord! Nachdem ich mich auf dem Ritt bei Amacord seelisch «ausgekotzt» hatte, kam ich wieder mit viel Verständnis für die ganze Welt und wie ausgewechselt nach Hause.

1999 wurde mein bewusstes «Ja, ich bin bereit dafür», meine damalige Sinnfrage, Realität: Unser erstes Kind und Lebensaufgabe, unsere Tochter, kam unversehrt und gesund zur Welt. Und sie war absolut pflegeleicht! Sie schlief von der ersten Nacht an durch, ritt schon im Babybjörn mit mir und stieg dann sehr schnell selbst aufs Pony.

Ein Jahr später folgte unser erster Sohn. Er war vom ersten Moment an ein extremes Energiebündel. Sein Motto «volle Kraft voraus» hat er bis heute nicht verloren. Dann wurde ich wieder, diesmal jedoch unverhofft, schwanger. Ich war, ehrlich gesagt, selbst erstaunt, als Amacord mir angab, dass ich schwanger sei. Doch der Schein trügte nicht. So legte ich Amacord einen «Nuggi» mit der Aufschrift «Hallo Papi» um den Hals und rief René in den Stall. Seine Reaktion: «Mein Gott, aber nicht noch einmal so einen Wildfang wie unser erster Sohn!» Wir waren beide von der Lebensplanung überrascht, es war aber einfach okay so, wie es war. Gerade stand ich mitten in einer Ausbildung, wobei es unter anderem um die Ernährungslehre bis ins kleinste Detail ging. Das war sicherlich mitunter ein Grund, weshalb ich mich sehr bemühte, in dieser Schwangerschaft alles richtig zu machen. Aus lauter Angst, dem ungeborenen Kind zu schaden, achtete ich sogar darauf, was ich wann an Essen zu mir nahm, damit es ideal mit der Entwicklung des Embryos übereinstimmte.

In einer Nacht bekam ich die Durchsage aus der geistigen Welt, es sei ein Mädchen und heisse Chionia. Was für ein Name! Ich konnte nicht viel damit anfangen, nahm es jedoch zur Kenntnis. In einem Namensbuch fand ich dann heraus, dass es ein griechischer Name war und die Übersetzung davon «Schnee» bedeutet. Auch wusste ich auf den Tag, wann es eingeschlagen hatte. Als wir dann beim Frauenarzt zur Kontrolle waren, passten alle Werte perfekt überein. Nur der Ultraschall liess den Frauenarzt aufhorchen. Er teilte uns mit, dass womöglich etwas nicht stimmte. In der Fruchtblase sah es aus, als hätte es in ihr ein Schneegestöber. Als wir aus der Praxis des Frauenarztes traten, wusste ich, dass ich mit allem rechnen musste. Mein direkter Weg führte mich zu Amacord. Weinend legte ich ihm den Sattel auf und ritt mit ihm ins Paradiesgärtli. Dorthin, wo die Zeit immer nur für uns stehen blieb. Gedankenverloren trabten wir den Berg hoch. Plötzlich schoss es wie ein Blitz durch mich hindurch. Das Kind hatte den richtigen Namen! Und ich wusste jetzt auch, dass ich loslassen musste. Vielleicht zwei Wochen später setzten furchtbare Krämpfe ein. Da sich der Embryo jedoch selbst nicht vollständig löste, musste ich ins Spital zur Auskratzung. Mein Mann war sehr betroffen. Trotz dem anfänglichen Schrecken, ein drittes Kind zu bekommen, fand er nun wie selbstverständlich: «Ich habe mich jetzt auf drei Kinder eingestellt – was meinst du?» So war ich bereits nach einem weiteren Monat wieder schwanger. Diesmal nahm ich auf gar nichts Rücksicht – herauskam ein gesunder Junge. Unser Cordin!

Zusammenarbeit

Telefonat mit meiner Mutter: «Bitte komm sofort zu mir in den Stall. Amacord geht es ganz schlecht. Hohes Fieber, er zittert am ganzen Leib, hat Aussetzer und benimmt sich, als hätte er epileptische Anfälle. Der Tierarzt weiss nicht weiter, ich muss sofort ins Tierspital. Hole bitte die Kinder ab!»

Eigentlich wollte ich in die Tierklinik Brittnau, doch der Tierarzt bestand auf den Verlad ins Tierspital. Eine Widerrede wollte ich nicht anbringen. Er kannte Amacord gut und doch auch schon sehr lange. Seine Worte überzeugten mich sofort, die Lage sei ernst, wir dürften keine Zeit verlieren. Im Tierspital könnten sie alle Blutwerte sofort testen und somit am schnellsten alle nötigen Vorkehrungen treffen.

So kuppelten wir den Hänger an und irgendwie brachten wir das komplett erschöpfte und zitternde Tier in den Transporter. Cordins «Gotti», Suzanne, fuhr mit mir. Sie hatte Amacord lange geritten, bevor sie sich für ein eigenes Pferd entschied. Von dem Moment an, als ihr eigenes Pferd seinen ihm zustehenden Platz in Suzannes Herz eingenommen hatte, wurde sie von Amacord nur noch von oben herab und wie Luft behandelt. Nicht einmal ein Rüebli hätte er noch von ihr angenommen. Demonstrativ nahm er die Karotten und warf sie ihr vor die Füsse. Ein so eingeschnappter «Pinsel» konnte er sein! Doch in der jetzigen Situation waren wir sicher beide froh, Suzanne bei uns zu haben.

Obwohl ich nervlich fast im Dunkelroten drehte, erzählte ich Suzanne, wie ich vor Kurzem diese Szene schon einmal in einer Nacht durchlebt hatte. Amacord gab mir damals die Information durch, er wolle aus diesem Stall raus, und er zeigte mir einen anderen neuen Stall mit einer Türe, welche als Verbindung und zur Unterteilung von zwei Boxen diente. Dann sah ich Amacord und mich in einem grossen weissen Raum, ohne Fenster und bis oben geschlossen, und ich sah, wie Amacord aus seinem Körper hinaus wollte. Ich kämpfte darum, dass er bei mir blieb. Ich schrie ihn an: «So kannst du mich doch nicht hier alleine stehen lassen!» Ich war während dieser Durchgabe total am Ende. Dann erblickte ich um die Ecke einen Stall mit einem Mutterschwein und jungen Ferkeln. Pitschnass geschwitzt wachte ich auf.

Irgendwie musste ich etwas Positives an dieser Geschichte finden. So durfte unsere gemeinsame Zeit nicht enden, nicht jetzt, nicht morgen und auch nicht übermorgen – ich war noch nicht bereit dafür! Vom Traum immer noch benommen lag ich mittlerweile wach im Bett, als mir nochmals das Bild mit dem Mutterschwein und den Ferkeln gezeigt wurde. Ich dachte für mich: «Und wenn das der einzige Strohhalm sein sollte – den packen wir uns!» Ein Schwein bedeutet Glück. Und in meinem Bild gab es sogar noch mehrere kleine Ferkel. Potenziertes Glück?

Ich versuchte, mich langsam wieder zurechtzufinden und die Bilder wegzustecken. Zwei Tage später war ich mit dem Auto unterwegs in Richtung Wagenbreche, als plötzlich eine Stimme zu mir sagte: «Wenn jemand zum Körper raus will, dann arbeite mit der Farbe Rot. Fokussiere Rot auf die Beine, das gibt Erdung.» Ich nahm es zur Kenntnis, schenkte den Worten aber weiter keine Beachtung.

So und jetzt das: Amacord im Hänger unterwegs ins Tierspital. Irgendwie schafften wir es, Amacord dort auszuladen. Im Tierspital wurde sofort gehandelt, Blut abgezapft, untersucht, Temperatur erneut gemessen. Sie waren sich unsicher, ob eine Vergiftung vorliege. Dann führten sie uns in eine Quarantäneboxe. Es haute mich fast um, als die Boxentür geöffnet wurde. Ein kleiner, hoher, weisser Raum ohne Fenster. Da standen wir nun also. Plötzlich erwachte ich aus meinem Zustand und fing an zu arbeiten. Suzanne fragte mich, was ich tue. Ich sagte ihr, wir müssten sofort Rot auf seine Beine visualisieren. So strichen wir Amacord die Beine aus und fokussierten die Farbe Rot, um ihm Boden zu geben. Irgendwann wurde die Situation ruhiger. Ich empfand Amacord wieder als besser verankert. Sein Zittern hatte aufgehört.

Im Tierspital sagten sie uns, sie müssten Amacord zur Beobachtung dort behalten. Wir dürften jedoch nicht bleiben. Ich weiss nicht mehr, wie ich es schaffte, mich von ihm loszulösen. Suzanne kam mit mir nach Hause. René war geschäftlich fort und die Kinder konnten bei meinen Eltern bleiben. Wir redeten die halbe Nacht. Irgendwann sagte ich zu Suzanne, mir fehle eigentlich nur noch die Erklärung für das Bild mit dem Schwein.

Am frühen Morgen standen wir wieder im Tierspital. Amacord ging es wesentlich besser. Befunde gab es keine. Als ein Pfleger vorbei ging, konnte ich es nicht unterlassen zu fragen: «Entschuldigen Sie, gibt es auch Schweine im Spital?» Der Pfleger winkte uns, wir sollten ihm folgen. Wir gingen um eine Ecke und da zeigte er uns einen Stall mit einem Mutterschwein und vielen kleinen Ferkeln.

«Wissen Sie», meinte er, «es ist eine grosse Ausnahme, dass wir ein Mutterschwein hier haben. Normalerweise werden Schweine nicht ins Tierspital gebracht.»

Noch einmal Glück gehabt, Amacord und ich – und wir wechselten kurz darauf den Stall. Der neue war unterteilt mit einer Tür. Ausserdem fing ich wieder mit Selbstversorgung an.

Manchmal frage ich mich heute noch, wie ich all das unter einen Hut brachte. Am Morgen früh raus, solange die Kinder noch schliefen und René noch zu Hause war, Pferde füttern, misten, wieder nach Hause, aufräumen, Kinder bereit machen, Essen auf den Tisch, wieder in den Stall und mit den Kindern, Amacord, Timy und Paquita laufen gehen, im Sand arbeiten, Pferde auf die Weide, die Termine der Kinder von der Spielgruppe bis zu ihren Sportaktivitäten, nebenbei führte ich immer noch meine selbstständige Tätigkeit aus, versuchte den Anliegen meiner Mitmenschen gerecht zu werden, dann wieder misten, futtern, kochen, mit René den Tag besprechen, letzte Stallrunde machen und todmüde ins Bett fallen, um am Morgen früh wieder ...

An einem späten Abend fiel ich derart «ausgekotzt» ins Bett, dass ich Zuflucht in der geistigen Welt suchte. Ich teilte dort mit, dass ich in diesem Zustand nicht mehr wisse, wie ich morgen wieder auf die Beine kommen sollte. Ich fühlte mich leer, aufgebraucht, fix und fertig. Plötzlich fühlte ich mich wie in einem Trancezustand und wie man mir zwei Heilsteine in die Hand legte. In der einen Hand hielt ich einen roten Jaspis, in der anderen einen orangen Karneol. Und dann schossen die Energien nur so durch mich hindurch. Hin und her, von oben nach unten und zurück. So schlief ich ein.

Am nächsten Morgen wachte ich auf: Fit, mit neuer Energie versorgt und voller Tatendrang sah ich dem neuen Tag entgegen. In solchen Momenten, in denen ich mich wie eine funktionierende Maschine fühlte, sehnte ich mich zurück nach der Zeit, als nur René, Amacord, ich und ein geregeltes Arbeitsleben unser Dasein prägten. Ich glaube, es ist mehr als Glück, dass ich einen Mann haben darf, welcher auch sehr gerne seinen eigenen Hobbys nachgeht. Er erklärte mir öfters, dass unsere Hobbys, seine alten Autos und mein Pferd, eigentlich viel gemeinsam hätten. Nur wolle er sich nicht nur mit einer PS begnügen. Ich sah den grössten Unterschied eigentlich darin, dass meine PS läuft und auch nicht rostet, was man von seinen motorisierten PS nicht immer sagen konnte!

Ja, es war eine schöne Zeit, als Amacord und ich ohne Verpflichtungen ganz alleine durch die Wälder zogen. Wie wir an unseren Trainingseinheiten schliffen, um perfekter als perfekt die Bewegungen in absoluter Harmonie ausführen zu können. Viel Schweiss und viel Arbeit lagen hinter uns. Bis wir den gemeinsamen Nenner erreichten. Nicht immer waren wir uns einig. Amacord zeigte mir sehr oft auch seine starke, selbstbewusste Seite. Er liess sich nie unüberlegt in eine Ecke drängen. Mit stumpfsinnigen Übungen musste ich ihm gar nicht erst kommen. Wenn ich das Gefühl hatte, jetzt wird longiert, und er meinte, diesen «Brunz» mache ich nicht mit, gerieten wir schon mal massiv aneinander.

Einmal stieg er wutentbrannt und stellte sich mit angelegten Ohren, das Maul offen und Zähne zeigend, vor mir kerzengerade in die Höhe. Trotzdem vertraute ich ihm und tat bewusst den Schritt auf ihn zu.

Seine Vorderhufe donnerten vor mir in den Boden. Inzwischen waren wir beide wütend. Ich legte ihm die Longierpeitsche an die Brust und befahl ihm, aussen rum zu laufen. Anstatt zu gehorchen, packte er das andere Ende der Peitsche und schüttelte mich durch.

So ging es nicht weiter! Amacord wollte immer arbeiten, er liebte die Herausforderung, aber eben, sinnvoll musste sie bitte sein. Auf der Suche nach einer anderen Art von Bodenarbeit und natürlichem Umgang mit dem Pferd hatten wir das grosse Glück, von Berni Zambail Stunden zu erhalten. Mittlerweile hat er den höchsten Parelli Level in Europa. Auch er hatte Amacord schon als ganz jungen Unspunt gekannt und immer viel Freude an ihm gehabt. So ergab es sich, dass eine Pferdezeitschrift, welche über Bernis Arbeit einen Artikel veröffentlichen wollte, die Bilder dazu von Amacord ablichtete. Berni fand immer, dass sich Amacord, damals noch als Hengst, besonders gut in Bewegung und Mimik auch auf Fotos zeigte. Bei dieser Art Arbeit war ich mehr als gefordert. Amacord machte feurig mit. Er reagierte blitzschnell auf meine kleinsten Bewegungen. Meine Konzentration musste ich also immer voll auf den Platz gerichtet haben. Seine Reaktionen auf meine Aufforderungen wurden 1 zu 1 und express umgesetzt. Amacord liess mir keine Zeit zum Überlegen. Es musste alles aus der Intuition, aus dem Bauch heraus und in Bruchteilen von Sekunden richtig entschieden werden.

Zwischendurch konnte ich mit einem anderen Pferd üben, einem lieben gemütlichen Fjord, welcher zuerst meine Bewegungen anschaute und dann darauf reagierte. Mir half es, so üben zu können. Nur Amacord schnaubte wütend. Schliesslich sollte ich mich ja nur um ihn kümmern. Und motzen, wenn ihm etwas nicht passte, das konnte er gut. Einmal schiss er mir sogar demonstrativ ins Futterbecken. So ganz nach dem Motto: «Da hast du nun den Dreck. Was fällt dir ein, dich nicht um mich zu kümmern!» Oder er wandte sich, sobald René auftauchte, nur noch ihm zu und liess mich links liegen, um mich zu strafen.

Jederzeit mussten wir damit rechnen, dass Amacord uns mit einer neuen Idee überraschte. So konnte er sich demonstrativ und gezielt eine Person aussuchen, um diese nach seinen Spielregeln herauszufordern. Wenn Amacord auf die Idee kam, sich von Otti, dem ältesten und sicher auch erfahrensten Reiter, nicht mehr zäumen zu lassen, musste Otti entweder am Halfter reiten gehen oder ich durfte jedes Mal antraben, um ihm den Zaum anzulegen. Ottis Bemühungen trugen keine Früchte. Gut zureden nützte nichts, die Trense mit Honig einschmieren, brachte auch nicht den gewünschten Erfolg und die «Läckerli» unter die Trense gelegt, ergatterte Amacord immer, nur das Mundstück fand nicht den Weg ins Maul.

Ideen hatte er viele. So schaffte er es bei mir, die Shanks so durchs Maul zu ziehen, dass er im vollen Galopp die Karabiner der Zügel öffnen konnte. Eine Reiterin liess er jedes Mal, wenn es bergab ging, absteigen. Wie? Ganz einfach: Er blieb bockstill stehen und drehte seinen Kopf um zu ihr nach hinten. In Worte gefasst würde das heissen: «Findest du nicht auch, es wäre besser für mich, wenn du hinunter laufen würdest?» Er trieb es tatsächlich so weit, dass sie freiwillig abstieg. Wie erstaunt beobachtete sie eines Tages, wie Amacord anstandslos den gleichen Hang mit mir als Reiterin oben drauf hinunter stiefelte.

Oder er begann nur bei mir, jeden Galopp mit einem Bocksprung einzuleiten. Bei Otti lief er anstandslos. So übten wir gemeinsam mit Amacord. Ich sass drauf – Bocksprung. Otti sass drauf – Schulgalopp. Ich sass drauf – Bocksprung ... So durfte ich üben mit Angaloppieren, Bocksprung, Rückwärtsrichten, Angaloppieren, Bocksprung, Rückwärtsrichten – bis es Amacord dann doch zu blöd wurde. Er schnaubte und grummelte – sein Markenzeichen, wenn er den Krieg jeweils von sich aus beendete. Da wusste ich, dieses Mal hatte ich gewonnen.

Es gab auch wiederkehrende Kostproben von Amacord, über welche ich selbst schmunzeln musste – natürlich fand ich es nur amüsant, solange es nicht mich persönlich betraf! Jedes Mal, wenn Schnee auf den Bäumen lag und er einen unachtsamen Reiter auf sich hatte, peilte er ganz diskret die nächste Tanne an, hob den Kopf, zog an einem grossen Ast und genoss sichtlich, wie der Reiter japste, wenn ihm der kalte Schnee den Nacken hinunter lief. Man spürte förmlich Amacords schadenfrohes Grinsen. Wie er Schabernack an uns Menschen auskosten konnte, war einfach einzigartig witzig. Langeweile und Müdigkeit kannte er nicht. Die faszinierende Kommunikation zwischen Mensch und Tier, welche Amacord ausübte und an uns erprobte, zog uns alle in magischen Bann.

Suchen

Die Verbundenheit und die Kommunikation mit allen Wesen auf allen Ebenen zu erforschen, faszinierte mich immer wieder aufs Neue. So besuchte ich Weiterbildungen auch im geistigen Bereich.

Manche Schulungen empfand ich als sehr interessant, aufbauend und lehrreich, bei anderen fragte ich mich, warum ich meine Zeit in nichts Sinnvolleres investierte. Einmal war ich an einem Kurs über Jenseitskontakte. Die Kursleiterin erzählte uns von den geistigen Ebenen, obwohl sie selbst noch nie einem richtigen Geistwesen begegnet war. Ich blieb still. Was sollte ich auch dazu sagen?! Vielleicht, dass ich Wesen aus der geistigen Welt auch tagsüber zwischendurch an mir vorbei spazieren sehe?

Eines meiner Erlebnisse, welches nicht spurlos an mir vorbeizog: Ich trank nach dem Mittagessen friedlich meinen Kaffee, als ein Geistwesen plötzlich neben mir schwebend sich irritiert im Raum umsah. Ich erkannte den Geist und sprach ihn mit Namen an: «Lebst du noch?», fragte ich. Und schon war das Wesen wieder fort. Zwei Tage später las ich in der Zeitung in der Todesanzeige «... völlig unerwartet ist von uns gegangen ...». Sein irritiertes Verhalten war damit erklärbar. Er schoss so schnell aus seinem Körper, dass er zuerst seine neue Situation begreifen und erkennen musste.

An einer wirklich tollen Weiterbildung traf ich Angela. Wir verstanden uns vom ersten Moment an. Sie beschäftigte sich schon damals mit Tierkommunikation.

Durch sie erfuhr ich das erste Mal, dass Tierkommunikation ganz offiziell als Ausbildung angeboten wurde.

Klar, ergab es sich, dass wir unsere gemeinsame Passion – die Pferde – besprachen. Sie zögerte noch. Ja, sie war hin und her gerissen, ob sie Pythagoras, das grosse imposante Pferd aus dem Dressurschulbetrieb, kaufen sollte und ob sie ihm gerecht werden würde. So besuchten wir ihn und ich durfte mir selbst ein Bild machen. Kurze Zeit später siegte die Freude über all ihre Ängste und sie nahm die Verantwortung, für ihn da zu sein, wahr. Natürlich besuchte Angela auch meinen Amacord, der sich von niemandem an seinen heiligen Ohren anfassen lassen wollte. Ihr hielt er seine Ohren einfach selbstverständlich und zufrieden hin.

Angelas und meine Beziehung begann, wie bereits erwähnt, mit dem gemeinsamen Besuch der Kabbala-Ausbildung. Fortan wurden jedes Datum und alle Namen in Zahlen gerechnet und tieferliegende Verbindungen erforscht. Aha-Erlebnisse resultierten daraus viele. Die Menschheit hat dank Überlieferungen und alten Gelehrten eigentlich immens viele Werkzeuge und Hilfsmittel erhalten, um auch die Seelenebene der Lebewesen weiter erforschen zu können. Sei es über alte Schriften, die Sterne oder eben auch über die Zahlen. Letztere hatten mein Interesse in besonderem Mass geweckt.

Entwicklung

Natürlich fehlte nicht, dass Amacord und ich auch zusammen an verschiedenen Reitprüfungen starteten. Einmal wurden wir sogar an eine Rassenshow eingeladen. Amacord präsentierte die Rasse der Vollblüter in majestätischer Haltung – so wie es sich eben für den König der Pferde auch gehörte. Aber am liebsten waren mir die Patrouillenritte. Da war einfach immer ein grosser Spasseffekt dabei.

Eines Tages sah ich mich gerade in einem Reitladen um, weil ich einen Gutschein, welchen wir an einem Wettkampf gewonnen hatten, einlösen wollte. Ich fragte den Ladenbesitzer, ob er auch Westerngamaschen vertreibe. Bei dem Wort «Western» sah er mich wenig begeistert an, liess sich dann aber doch hinab und fragte: «Für was für ein Westernpferd sollte das denn sein?» Herausfordernd antwortete ich: «Ach, für einen Vollblüter sollte ich welche haben, ein ehemaliges Rennpferd ...» In diesem Moment schien Leben in die Situation zu fliessen. «Was? Ein Renner? Western? Wie kommt man denn auf so was! Wie heisst das Pferd?» – «Amacord», war meine Antwort. Der Mann sah mich ungläubig an und konterte: «Was? DER Amacord, Sohn von Athenagoras?» Jetzt lag es an mir, ihn verdutzt anzusehen. Woher wusste dieser Mann den Namen des Vaters von meinem Amacord? Ich hatte keine Zeit zu fragen. Er war bereits aufgesprungen, holte eine grosse Kartonkiste hervor und grabschte in Pferdebildern. Triumphierend zog er ein altes Bild aus der Schachtel und rief: «Das ist ein Bild von Amacord in jungen Jahren auf der Rennbahn!» Ich kam aus dem

Staunen nicht mehr heraus. Der Mann stellte sich nun vor und erzählte mir, dass er mit seiner Frau zusammen Vollblüter züchte und auch als Jockey reite. Er habe zwei jüngere Halbgeschwister von Amacord bei sich im Stall. «Und kennst du King Wood? Ebenfalls ein Halbbruder von Amacord, momentan einer der Erfolgreichsten in den Jagdrennen im In- und Ausland.» Die Informationen überschlugen sich und weitere Bilder von Amacord folgten aus der Kiste. Klar, durfte ich danach seine Pferde besichtigen und wie selbstverständlich lud er mich zum Ride 'n Run ein, welches er mit seiner Frau organisierte. «Ist doch cool», fand er, «können die Geschwister sich aneinander messen!» Klar doch, Amacord war sofort begeistert von der Idee, nur dass wir zum Üben nur noch im forcierten Trab unterwegs waren und der Galopp vom Trainingsplan gestrichen wurde, fand er nicht so toll. Doch wie brachten wir René bei, dass wir ihn als Mitstreiter für unser Ride 'n Run brauchten? Einer musste doch das Fahrrad bewegen und die vorgegebene Strecke zu Fuss rennen ... – Wir hatten Glück, René machte mit.

Es wurde ein lustiger Anlass, René hatte hierfür sicherlich die anstrengendsten Aufgaben gefasst. Amacord hielt sich brav daran, trotz Tempo forcieren nicht in den Galopp zu fallen. Er warf die Beine weit nach vorne und wir flogen richtiggehend im Trab über den Boden. Nach dem Rennen knipsten wir noch Pferdefamilienfotos. Danach wurde Amacord noch zum gemeinsamen Mittagessen in den Stall seiner Halbgeschwister Xiroi und Ashira eingeladen.

Ja, ich hatte das Glück, zur richtigen Zeit am richtigen Ort zu stehen, um dort neue interessante Begegnungen zu geniessen oder auch ein neues Übungsfeld annehmen zu können. So kam ich auch durch einen witzigen «Zufall» dazu, einem Zirkel für Jenseitskontakte beitreten zu können. Wir übten gemeinsam an diversen Thematiken und lernten so die Unterschiede der verschiedenen Wahrnehmungsmöglichkeiten, diese zu festigen und zu prüfen. So als ob es das Selbstverständlichste der Welt wäre, erhielt ich auch die Möglichkeit, bei einem Medium im Ausland private Schulungen zu erhalten. Diese tiefen Eindrücke, die ich dort erleben und erfahren durfte, waren einmalig. Ich wurde ins kalte Wasser geworfen und hatte doch, wenn ich ins Wanken kam, eine Schützenhilfe an meiner Seite. Die Angst vor der Diskrepanz von Leben und Tod wich immer mehr dem Vertrauen in die Verbundenheit allen Seins.

Auch Amacord und ich arbeiteten gemeinsam an unserer beidseitigen Entwicklung. Wir übten und feilschten und lernten auf der irdischen wie auch auf der telepathischen Ebene immer wieder aufs Neue. Jeder einzelne Tag brachte auch einen ihm eigenen Gewinn. Es kam die Zeit, in der wir es nur noch geniessen konnten, in so grosser Verbundenheit reiten zu können, dass man von aussen keine Einwirkungen mehr wahrnehmen konnte. Auch wenn wir in schneller Reihenfolge die Gangarten wechselten – Trab, Schritt, seitwärts, rückwärts, Galopp, Stopp, Rollback, Galopp, Speed Control, Drehungen, fliegender Wechsel – ich dachte «Galopp» und Amacord galoppierte. Unser gemeinsames Erleben wurde immer mehr zur telepathischen Ebene hingeführt.

Seine absolut liebste Disziplin war das Barrel Race. Die drei Ölfässer, welche in wildem Galopp umrundet werden mussten, und das laute Scherbeln des Liedes

«Cotton Eye Joe» in den Ohren liessen sein Herz höher schlagen. Er wusste genau, was er zu tun hatte, wo er den Rollback setzen musste und wo er Vollgas geben konnte. Im Grunde war meine Aufgabe nur die, im Sattel zu bleiben. Wenn Amacord nur schon die ersten Töne des Liedes «Cotton Eye Joe» hörte, fing er an zu vibrieren. Dabei liess er mich seine Kraft im Körper, das Feuer im Blut und den Galopp im Kopf deutlich spüren. Sein ganzer Körper spannte sich, während er die volle Konzentration sammelte, um dann im Galopp loszupfeilen: um die Fässer herum, einmal, zweimal, dreimal und dann Spurt über das Ziel hinaus.

Der Mann aus der Jury sah mich verständnislos an, als er auf seine Frage hin, warum ich Amacord zurückgenommen hätte, wir hätten doch gewinnen können, meine Antwort erhielt: «Ich hatte Angst um seine Beine.» Der Boden war rutschig und ich wollte keine Verletzung riskieren. Kein Sieg war dies wert.

Trotzdem schafften wir es in die Ränge und Amacord durfte stolz in der Ehrenrunde mit galoppieren.

Meine in letzter Zeit spürbar unruhigen Gefühle und aufflackernden Befürchtungen, eine Verletzung könnte uns stoppen, wurden leider nur kurze Zeit später Realität. Amacord baute einen Selbstunfall auf seiner Weide – im wilden Galopp.

Vollstopp

René steuerte mit dem Pferdeanhänger auf den Stallvorplatz. Langsam öffneten wir die Rampe. Mein Pferd stieg aus, von Schmerzen gezeichnet, immer noch humpelnd und doch blitzte es kurz neugierig in seinen Augen auf. Vorsichtig führte ich Amacord in seinen neuen Stall. Ruhig und vertrauensvoll erforschte er seine neue Umgebung. Wir hatten Glück. Ganz in der Nähe bot sich uns die Gelegenheit, Amacord in einen Stall zu geben, der einen speziell eingerichteten Teil für Rekonvaleszenzpferde hatte. So war der Boden mit Gummisteinen ausgelegt. Schranken waren montiert, damit das Pferd gut umher gehen konnte, sich aber nicht zum Springen animieren liess. Auch ein Moorbad für die Beine war vorhanden. Die fürsorgliche Pflege, das feine Heu und die Aussicht auf das schöne Unterländerhochplateau rundeten das Angebot ab.

Nach der Zeit «dreimal Hölle und zurück» konnte auch ich das erste Mal wieder entspannt aufatmen. Auch wenn die Tierärzte mir klar machten, es sei noch nicht alles überstanden, blickte ich doch positiv der neuen Zeit mit Amacord entgegen.

Ja, es war kein schöner Anblick, als ich Amacord wie angewurzelt auf drei Beinen stehend mit schmerzerfüllten Augen auf der Weide vorfand. Niemand hatte gesehen, was vorgefallen war. Auch beim Abtasten fanden wir vorerst nichts. Ich versuchte, ihn dazu zu animieren, hüpfend auf drei Beinen den Stall zu erreichen. Er mach te mit.

Trotz Schmerzen vertraute er meiner Aufforderung. Irgendwie schafften wir es, bevor es stockdunkel war, bis in den Stall.

Solange ich neben ihm stand, blieb er ruhig. Wenn ich aber nur schon um die Stallecke etwas holen wollte, schrie Amacord jedes Mal herzzerreissend. Diese Laute werde ich nie vergessen. Ich traute mich nicht mehr von ihm fort.

Egal, wie schlimm die Situation auch sein mochte, Amacord gab mir zu verstehen, dass er kämpfen und leben wollte. Der Tierarzt kam, gab ihm Schmerzmittel, konnte jedoch auch keine sichere Diagnose stellen. Amacord vermochte sein linkes Hinterbein absolut nicht mehr zu belasten. Wir versuchten es nach Vorgabe vom Tierarzt mit Einreibungen und dem Kühlen, was Amacord auch dankbar annahm. Sein Zustand blieb jedoch auch nach der dritten Tierarztkontrolle stabil auf lausigem Niveau. So mussten wir den Weg in die Tierklinik antreten.

René platzierte die Rampe so an den Hang, dass Amacord gerade aus, ohne Steigung, in den Hänger hinein gehen konnte. Es folgte eine langwierige Prozedur. Wir versuchten, ihn zu motivieren: «Komm, hüpf noch einen Schritt, so schön, jetzt bitte noch einen Hüpfer, gut Amacord, wir haben schon bald den ersten Drittel in den Hänger geschafft ...»

Eine ganz neue Welt tat sich da für uns auf. Tempo war kein Thema mehr.

In der Klinik wurden eine Bänderzerrung vom Hüftknochen bis zum Kniegelenk sowie mehrere Muskelrisse festgestellt. Der Klinikarzt meinte, er müsse sich wohl auf der Weide überschlagen haben. Ob noch mit weiteren Folgen, geschweige denn jemals wieder mit Reiten zu rechnen war, konnte uns zu diesem Zeitpunkt niemand sagen.

Wir besuchten Amacord so oft wie nur möglich und verwöhnten ihn mit Rüebli, Äpfeln, Guetzlis und Streicheleinheiten. Ich genoss die Zeit bei ihm. Alleine zu Hause fühlte ich mich immer wieder, als befände ich mich in einem Bahnwagen auf rasanter Talfahrt, wobei weder Halt- noch Notstoppknopf auffindbar waren. Interessant war, wenn René und ich ihn zusammen besuchten, schaute er mich erst gar nicht an.

Dieses Phänomen «Reni = Luft» fand seinen Anfang, als René Amacord damals bei seiner Kastrationsoperation beistand. Es war ein harter Entscheid für mich gewesen und die Folge reiflicher Überlegungen, Amacord nach über 13 ½ Jahren als Hengst kastrieren zu lassen. Er kam aber mit sich selbst nicht mehr recht klar, so dass die Operation wahrscheinlich das Beste für ihn und seine Umwelt war. Trotzdem konnte ich das damals einfach nicht mit ansehen. Wahrscheinlich hätte ich ihn unkastriert wieder vom Operationstisch geholt ...

Die Ärzte der Klinik versuchten nach dieser Bänder- und Muskelverletzung alles, um Amacord wieder auf alle vier Beine zu bringen. Sein ungebrochener Lebenswille tat seinen Teil zu den Genesungsfortschritten hinzu. Nach langem Mitleiden, Zittern und Hoffen schienen doch die positiven Lichtblicke überhand zu nehmen. Eine neue Ära durfte ihren Lauf nehmen.

Im neuen Stall fand sich Amacord schnell zurecht. Kaum ging es ihm etwas besser, wurde er auch schon wieder vorwitzig. Trotzdem konnten wir mit seinem Temperament und seiner überschüssigen Energie erstaunlich gut umgehen. Wir alle liessen uns immer wieder neue Beschäftigungsideen für Amacord einfallen. Alle halfen mit.

Vom Reiten waren wir aber noch meilenweit entfernt. Auch mein Vater nahm sich Amacord sehr an. So nahm er ihn mit zur Pilzsuche, liess Amacord frei hinter sich herlaufen oder liess ihn auf der Wiese am Waldrand grasen. Ich fragte ihn einmal, ob er sich eigentlich bewusst sei, dass Amacord auch davon springen könnte. Doch mein Vater war davon überzeugt, dass Amacord bei ihm bleiben würde. Tatsächlich kamen sie immer wieder gemeinsam nach Hause.

Die Situation blieb jedoch nicht stabil. Durch das viele Entlasten der Hinterhand erfolgte eine Überlastung der Vorhand. Immer öfters knickte er ein und fiel vornüber auf die Karpalgelenke. So konnte das nicht weitergehen! In der Klinik wurde er wieder geröntgt. Der Hufschmied korrigierte die Hufe, um eine Entlastung der Karpalgelenke zu bewirken – und trotz allem fiel Amacord erneut vornüber.

Im neuen Stall kam ab und an ein Geistheiler vorbei, welcher die Pferde behandelte. René als standhafter «Erdling» hielt natürlich überhaupt nichts davon. Er empfand dies alles als «Guru Guru» und Hokuspokus. Als ich definitiv alle irdisch normalen Möglichkeiten ohne Erfolg ausgeschöpft hatte, ging ich zu René mit den Worten: «Ich glaube, es gibt nur noch zwei Varianten: Metzger oder Geistheiler.»

So verluden wir Amacord, wieder auf drei Beinen stehend, in den Hänger und fuhren zum Geistheiler. Dieser behandelte Amacord lange. Zwischendurch hielt er sich an einer Wasserleitung fest, um sich wieder zu entladen und arbeitete dann weiter an Amacords Beinen. Als er fertig war, meinte er, es gehe jetzt bergauf, es werde aber sicherlich noch die eine oder andere Nachbehandlung nötig sein. Wir fuhren nach Hause und luden Amacord aus: Auf vier Beinen und mit geschmeidig runden Bewegungen lief er seinem Stall entgegen.

Otti und Amacord

In jungen Jahren, Amacord stand bei unserem Hufschmied im Stall, neben sich die hübsche Vollblutstute Terrakota, nahm Otti ihn ab und an mit, um mit Terrakota und ihrer Besitzerin gemeinsam zu reiten. Sie waren beide vernarrt in Rennpferde. So ritten sie auch gerne im Rennsattel und waren öfters auf der Rennbahn anzutreffen. Danach hätte ja auch kein Hahn geschrien. Nur in Betracht auf Ottis stattliches Alter konnte der Rennsattel doch zu anregenden Unterhaltungen führen ...

Schneeweisses, längeres Haar, stahlblaue, lebenslustig funkelnde Augen und eine starke Ausstrahlung – Otti übte eine gewaltige Faszination auf Frauen aus. Immer unterhaltsam und mit positiver Energie geladen, war er für uns ein toller Kamerad, jederzeit zum Pferdestehlen aufgelegt.

Einmal kam ein junges «Reiterweibi» japsend zu mir: «Otti lernt uns Gas zu geben, wenn er einen Grashalm sieht, heisst das Galopp!» Ich musste schmunzeln. War das nicht dasselbe «Weibi», welches mich kurze Zeit davor tuschelnd fragte: «Würdest du wirklich mit Otti reiten gehen? Das gibt bestimmt nur langweilige Schrittrunden ...»

Der Altersunterschied wurde nie in diesem Masse wahrgenommen, wie er war. Und es lagen doch fünfzig Jahre zwischen uns.

Otti und Amacord waren ein starkes Team. So kam es auch, dass er sich aus lauter Liebe zu Amacord in seinem inzwischen doch schon beachtlichen Alter noch vom

Rennsattel verabschiedete und sich in den Westernsattel setzte. Natürlich liess er es mich immer wissen, dass dies ein Verbrechen sei, einen Vollblüter auf Western umzubilden.

Trotzdem begleitete er mich zu Trainingsstunden, half mir bei den Vorbereitungen, beim Verladen und verfolgte unsere Arbeit mit Argusaugen. Er war stets mein grösster Kritiker. Hinterfragte bei jedem Anlass und wollte Antworten auf alles, was ihm eigenartig erschien. René lachte so manches Mal, wenn Otti und ich uns darüber fetzten, welches nun die richtigere Reitweise für Amacord sei.

Doch egal, wie unterschiedliche Ansichten wir auch haben mochten, Otti stand immer zu mir. Was ich auch «verkachelte», er setzte sich für mich ein. Ich konnte mit jedem Problem zu ihm kommen und durfte von seiner grossen Lebenserfahrung so manches Mal profitieren. Oft zog ich daraus die Erkenntnis, dass es viel zu viele unnötige Probleme gab. Ein Lebensthema über eine Zeitspanne von achtzig Jahren zu betrachten, ergab sogar Sinn für den eigenen Lebensweg und liess den Schrecken der momentan heiklen Situation total verblassen. Jedes erlebte Lebensthema trug auch wieder zur eigenen Reifung bei. Und Übungsfelder für meine eigene Reifung boten sich mir immer mehr als genug. Er nannte mich sein «Schätzeli» und ich fand in ihm meine grosse platonische Liebe.

Otti trug auch sehr viel zu Amacords Ausbildung bei. Er unternahm mit Amacord Ausflüge, die sich viele nicht im Traum hätten vorstellen können. Stundenlang ritt er mit ihm bei Sonne, Regen, Wind und Schnee durch die Gegend. Unterwegs einen Unterschlupf zu finden, war für die beiden nie ein Thema. So konnte es auch geschehen, dass sie zusammen in einer Waldhütte warteten, bis der Sturm sich legte. Ja, richtig gelesen, zusammen in der Waldhütte. Ich malte es mir manchmal aus, was wohl geschehen wäre, wenn ein anderer Besucher die Hütte betreten hätte und ihm beim Öffnen der Tür Otti und ein Pferd entgegen geschaut hätten.

Wenn man vom «Otti-Galopp-Weg» sprach, wussten die Reiter, von welchem Gebiet die Rede war. Die korrekte Bezeichnung des Weges hätte zu wesentlich mehr Fragen geführt wie: «Wo meinst du genau?» Gut, jeder, der Amacord ritt, wusste notgedrungen, welches ihre Galoppstrecken waren. Denn dort wurde galoppiert – mit und ohne Otti. Zur Cowboy-Hochzeit seines Enkels liess er es sich nicht nehmen, mit Amacord und in voller Westernmontur am Fest aufzukreuzen. Vielleicht war dies das einzige Mal, als auch Otti dem Westernreiten etwas Sinnvolles abgewinnen konnte. Pferd und (Western-)Reiter genossen es, bewundert zu werden. Trotzdem war und blieb Otti ein echter Kavallerist.

Und als solcher brachte er es auch fertig, sich mit Amacord auf unseren Hauptstrassen als vollwertiges Verkehrsmitglied einzugliedern und die Strasse selbstverständlich für sie beide zu nutzen. So stand er im Verkehr auf der Hauptkreuzung vor dem Flughafen Kloten, um diese zu überqueren und seiner Frau einen Besuch abstatten zu können. Amacord kannte dadurch nicht nur die Wälder und die Strassen, auch eine Flugzeugradaranlage und alles, was es rund um das Thema Flughafen zu wissen galt, gehörten zu seinem Repertoire.

Immer mehr …

Na ja, die Zeiten ändern sich eben. Zum Glück! Wie langweilig wäre es, sich immer im gleichen Kreis zu drehen und nichts Neues zu erleben? Okay, zwischendurch wäre mir ein bisschen weniger Lebendigkeit schon angenehm gewesen. Unsere Kinder übernahmen ziemlich schnell das Anti-Langweileprogramm und hielten uns auf Trab, wo und wie sie nur konnten. Amacord liebte alle Kinder und genoss es sichtlich, wenn sie auf ihm herumturnten. Er schimpfte nicht einmal, wenn unsere Tochter samt Luftballon unter ihm durchwackelte. Der kleine Junge, der das Tempo auf dem Fahrrad entdeckt hatte und vor lauter Schussfahrt die Bremsen nicht mehr fand, landete in Amacords Hinterhand. Dieser hob langsam sein Bein, damit ich das Fahrrad wieder unter ihm wegziehen konnte. Amacord sah den erschrockenen Jungen nur fragend an.

Immer wieder bekam Amacord von kleinen Fans Zeichnungen und wurde sogar in den Kindergarten eingeladen, als dort gerade das Thema Pferde vorherrschte.

Auf dem Weg ins Spital, ich war gerade dabei, meinem Nachbarn Material zu bringen, schoss eine blitzartige Unruhe in mir auf. Ich versuchte, mich sogleich in den Griff zu bekommen. Amacord – Unfall – und dann sah ich eine kurze Szene, wie Amacord austickt und auf ein anderes Pferd losging. Sch..., nicht das auch noch! Es dauerte nicht lange und mein Handy klingelte. Kleinlaut sagte die Stimme am anderen Ende: «Ich weiss, du hast gesagt, Amacord verträgt es nicht, mit mehreren Pferden gemeinsam zu weiden. Es tut mir leid, ich habe es trotzdem ausprobiert ... Der Tierarzt ist bereits informiert.»

«Warum?», fragte ich in solchen Momenten. Warum konnte es nicht einfach einmal easy geradeaus gehen? Ich «pfutterte» mit der geistigen Welt, obwohl ich wusste, dass jeder Mensch nur so viel Last zu tragen erhält, wie er auch verarbeiten kann. Trotzdem war ich wütend auf das, was sich jetzt gerade wieder zusammenbraute.

Erst gestern hatte mich mein Nachbar angerufen und gesagt, er wisse nicht, was los sei. Er habe Schmerzen im Arm und Mühe mit der Atmung. Eine Kollegin hätte ihm gesagt, er solle nicht so wehleidig tun, das würde dann schon wieder werden ... «Ich komme sofort», sagte ich noch und legte den Telefonhörer auf. Dann rief ich meinen Vater an, welcher mir meine Vermutung bestärkte, und bat meine Eltern zu kommen.

Natürlich war René wieder einmal geschäftlich weg, die Kinder konnte ich nicht alleine lassen und doch vermochte ich meinen Nachbarn gut genug einzuschätzen, um zu wissen, dass ich die Situation, auch wenn sie brenzlig war, hinunter spielen und bei ihm bleiben musste, damit er nicht zu sehr ins Rotieren kam. So ging ich zu ihm und kontaktierte von dort aus das Spital. Als er hörte, dass er alleine mit dem Krankenwagen abgeholt werden sollte, fing er an nervös zu werden. Mir war bewusst, wie wichtig in dieser Situation jetzt seine innere Ruhe war, und so entschied ich intuitiv aus dem Bauch heraus, ihn selbst ins Spital zu fahren.

Ich weiss nicht, wie schnell mein Vater den Weg zu uns zurücklegte, meine Eltern standen bereits in der Tür und ohne viele Worte nahm jeder seine Aufgabe wahr. Meine Mutter blieb bei den Kindern und wir fuhren los.

Im Spital ging alles ganz schnell. Alle Anzeichen deuteten wie vermutet auf Herzinfarkt. Sofort wurde mein Nachbar verkabelt, getestet und überprüft. Anja, die Patin unseres ältesten Sohnes, welche im Spital arbeitete, erschien im Türrahmen und wechselte die Gesichtsfarbe, als sie mich sah.

«Mein Gott, nicht schon wieder mein Göttibueb!» Ihr Ausruf war nicht ganz unberechtigt.

Dank unseren Kindern, vor allem dank ihrem Patenjungen, kannte ich den Spital bald in und auswendig. Vom gebrochenen Schlüsselbein, über Ast im Unterschenkel steckend bis zum Loch im Kopf, welches man unter Narkose nähen musste, weil das Gewebe so tief und stark zerfetzt war ... und, und, und. Unser Mittlerer hatte aber auch viel, ja sogar sehr viel Glück. So schaffte er es auch schon zweimal, innert nur einer Woche in ein fahrendes Auto zu rennen. Dabei verschwand er einmal zwischen den Vorderrädern und das zweite Mal knallte er in den Seitenspiegel eines fahrenden Autos. Ausser dem Spiegel und einem geschockten Autofahrer blieb alles ganz. Es kam so weit, dass ich ihm im Alter von knapp drei Jahren die mahnenden Worte mit auf seinen Lebensweg gab: «Trage bitte Sorge zu deinem Körper. Nur deine Seele ist unsterblich!»

«Nein», sagte ich, «diesmal ist es mein Nachbar.» Er wurde ins Triemli verlegt und ich, wie schon erwähnt, fuhr am nächsten Tag mit seinen persönlichen Sachen hinterher. Nach eingehenden Untersuchungen wurde im Triemli festgestellt, dass er an einer Herzmuskelentzündung litt, welche mit Antibiotika behoben werden konnte. Ohne Medizin hätte es ganz einfach zu einem Herzstillstand geführt.

Da erreichte mich besagtes Telefonat und ich stieg wieder ins Auto, um schnellstmöglich den Weg zurück in den Stall zu finden. Amacord kam mit Blessuren und einer Quetschung, die eigenmächtig handelnde Weidebetreiberin mit einem schlechten Gewissen davon.

Glück gehabt. «Nächste Aufgabe bitte ...», das war jetzt zynisch. Doch irgendwann muss man wohl Galgenhumor finden, wenn man im Strudel der Ereignisse nicht untergehen möchte.

Ziemlich ausgelaugt und erschöpft fuhren wir in die Skiferien. Ich freute mich, das erste Mal in meinem Leben auf zwei ganze Wochen Skiurlaub! Ich liebe die Berge, ich liebe den Schnee und ich liebe das Gefühl des Geschwindigkeitsrauschs, wenn ich die Skier mit hohem Tempo den Berg hinunter laufenlassen kann. Und das – ich war mir sicher – würde ich diese Skiferien machen!

Den Kleinsten würde ich bei Bedarf in der Krippe abgeben, die beiden anderen meldete ich in der Skischule an – und mein Mann? Bei ihm hoffte ich einfach, er würde die Tempofahrten mit mir zusammen geniessen. Ja, so sahen geträumte Pläne aus. Doch die Realität wusste es besser!

Kaum waren wir angekommen, begann der Jüngste, überall Punkte zu bekommen. Die Krippe konnte ich also «knicken», sprich vergessen. Mit einer ansteckenden Kinderkrankheit konnten wir ihn nur in einen dicken Schlittensack stecken und ihn «bäbälen». Mit der Skischule klappte es immerhin – zumindest vorerst.

In einer der folgenden Nächte wurde ich von meinen geistigen Freunden darauf vorbereitet, dass wir mit einem Unfall konfrontiert werden würden. Ich sah, wie Léonie stürzte. Die geistige Welt gab mir die Information durch, es liege eine langwierige, nicht immer einfache Zeit vor uns. Doch sie zeigten mir auch: «Vertraue, es kommt gut!» Verstört wachte ich auf. Ich fing sofort an mit Bitten und Beten. Natürlich hoffte ich, dass sich das Ganze nur als ein böser Traum entpuppte.

Am Freitag der ersten Woche flog René über einen Schanzentisch – seine Neugier, wer seinen Flug mit einem «Wow!» begleitete, wurde ihm zum Verhängnis. Er verlor die Kontrolle und zerrte sich bei der Bruchlandung die Bänder. Daraufhin überliess er mir die Skier, nahm den immer noch gepunkteten Cordin und ging mit ihm zusammen sein lädiertes Bein hochlagern. Der restliche Tag verlief gut. Das Skirennen, auf welches sich unsere Tochter so gefreut hatte, durfte sie mit Gold beenden. Ich war dankbar, dass ihr diese Freude gegönnt war.

René traute seinen Ohren nicht, als ich ihm am Telefon mitteilte: «Komm bitte sofort ins Spital hinunter. Unsere Tochter muss operiert werden.»

Auf der letzten Abfahrt war sie so unglücklich gestürzt, dass sie sich das Waden- und das Schienbein brach. Mit Hilfe des Skilehrers, der Notfallgondel und dem Krankenwagen trafen wir mit einem schreienden Kind im Spital ein. Dort wurde der Skischuh entfernt. Die enormen Schmerzen des Kindes, ja die ganze Situation gingen durch Mark und Bein. Der Anblick des Beines liess mich zusätzlich schaudern.

Der Arzt im Spital meinte, er hätte sicher schon sehr viele Brüche wieder instand gestellt, aber dass ein Kind auf diese Art und Weise einen Bruch zustande bringe, bei welchem operativ die Knochen mit Stäben fixiert werden müssen, gehöre nicht zu seinem normalen Arbeitsalltag.

Zeit zum Verarbeiten der Eindrücke blieb keine. Meine ersten gefassten Gedanken waren: «Gott sei Dank nur ein Beinbruch!» Da schien sich der Heilungsprozess in einem normalen Rahmen abzuspielen. Glücklicherweise hörte es sich nicht nach einer langwierigen Geschichte an.

Die zweite Ferienwoche verlief ruhig. Wir wechselten uns am Spitalbett ab. Ich übernahm die Nacht und René den Tag. Ein kleiner Vorteil war auf Renés Seite, so konnte er sich gleich mit erholen und seine Bänderzerrung fachmännisch verarzten lassen.

Manchmal hatte ich das Gefühl, unser Leben gleiche einer Schneelawine. Wenn diese ins Rollen kam, waren der daraus resultierende Umfang und die Tragweite von uns Menschen nicht mehr kontrollierbar. Eine in ruhigen Bahnen verlaufende Zeit schien für das Dasein unserer Familie nicht geplant. Oder lag es daran, dass wir bewusst diese Inkarnation zum Erarbeiten diverser Seelenaspekte nutzen wollten? Für Ferien waren wir auf jeden Fall nicht auf diese Welt gekommen. Gut durfte jeder nach Antworten suchen. Wie langweilig wäre es doch, alles schon zu wissen.

Die Tage wurden wieder wärmer, ausser Léonies Gips, welcher immer noch ihr Bein zierte, lagen die Skiferien in ferner Vergangenheit. Immer wieder jammerte sie, ihr tue der Knöchel weh. Irritiert fragten wir sie, ob sie den Unterschied zwischen Schienbein und Knöchel kenne? Mit ihren erst fünf Jahren war ihr der Unterschied sehr wohl bewusst. Verbal war sie sehr stark. Sie konnte bereits mit Wörtern und deren Bedeutungen jonglieren, dass es für uns wirklich sehr befremdend klang: der Knöchel ...

«Da stimmt etwas nicht!», waren die ersten Worte des Kinderarztes, als er den Gips wegnahm. Ein Bein war plötzlich behaart und der Knöchel heiss. «Ich habe da eine Vermutung. Das junge Alter von Léonie passt aber einfach nicht ins Bild.» So ordnete er die notwendigen Untersuchungen an. Radioaktives Material wurde gespritzt und die Beine mittels Szintigrafie durchleuchtet.

Die Diagnose: Knochenschwund, ausgelöst durch Schock im vegetativen Nervensystem. Das liess nicht nur uns Eltern verstummen. Die Behandlung startete mit einem Hormonpräparat. Die Chancen, dass sich der Kalziumabbau aufhalten liess und die Produktion wieder begann, standen 60 zu 40.

Eine Freundin sah mich traurig, nach Worten suchend an. In diesem Moment erreichte mich ein Gedankenblitz und die klare Durchsage der geistigen Welt tauchte nochmals in mir auf: «Es dauert lange – es kommt gut!» Da löste sich die schwere Last, welche mich handlungsunfähig zu machen schien. Ich konnte das nicht einfach tatenlos im Raum stehen lassen. So nahm ich Léonie an der Hand und ging mit ihr zu einer Kollegin, welche ausgebildete Krankenschwester war und heute selbst mit Geistheilung arbeitete. Als sie mich im Türrahmen stehen sah, wachte ich durch ihre forschen Worte ziemlich schnell und definitiv aus meinem Zustand auf. Sie sagte nicht gerade freundlich: «Weisst du eigentlich, was du soeben getan hast? Gerade du, die weiss, dass Angst der schlimmste Gegner ist, lässt jetzt die eigene positive Kraft einfach fallen?» So fingen wir an, ruhig und geführt, die Behandlung geschehen zu lassen.

Voller Vertrauen und mit einer neugewonnenen, erdgrundtiefen Überzeugung lebte ich nun im Bewusstsein: Es geht lange – aber es kommt gut!

Die darauffolgenden Wochen waren nicht einfach. Ein Kind, welches sehr viel Zeit liegend verbringen musste, durch die Krankheit in so jungen Jahren in depressive Zustände fallen konnte und die Aussenwelt, welche auch nicht immer mit Rücksichtnahme überzeugte – das war alles zeitweise sehr zermürbend.

So folgte der Entschluss, das Kind samt Ganzbein-Schiene aufs Pferd zu setzen. Wir ritten durch den Wald, bergauf und bergab, und unsere Tochter strahlte wie seit Langem nicht mehr. Was solls, wir Lebewesen bestehen nun einmal aus Körper-, Geist- und Seelenebenen. Und vielleicht war auch der Ansatz, etwas Glück für die Seele zu finden, nicht der dümmste, wenn es darum ging, eine Genesung voranzubringen.

Die nächste Kontrolle beim Kinderarzt schenkte uns bereits Lichtblicke.

Der Arzt war erstaunt, welche Fortschritte der Genesungsprozess machte. Natürlich freute mich das sehr. Die Bewunderung, welche ich ihm entgegenbrachte, betraf nicht nur sein medizinisches Wissen. Bei ihm hatte ich seit jeher immer das Gefühl, dass er den Menschen ganzheitlich anschaute und aus einer gesunden Intuition heraus handelte.

Ein stilles «DANKE VIELMALS» sendete ich aus tiefstem Herzen an alle unsere geistigen Helfer ins Universum.

Das einzig Doofe an der Angelegenheit war, ich ging mit drei Kindern und einem Gips zum Arzt und kam mit drei Kindern und zwei Gipsen wieder nach Hause. Als der Arzt beim Händedruck Retos Handgelenk ansah, meinte er trocken: «Ich melde euch sofort zum Röntgen an, dieses Handgelenk ist gebrochen!»

Ich hätte im Erdboden versinken können. Ich Rabenmutter hatte das nicht wahrgenommen und: Wie sollte ich meiner Umwelt erklären, dass nun zwei unserer Kinder einen Gips trugen? So bat ich um ein Zimmer direkt im Spital. Ich wollte nicht mehr nach Hause, so sehr schämte ich mich. Er aber meinte: «Ist doch kein Problem, man sieht, dass es keine Kindsmisshandlung ist.»

Na ja, Reto war mit dem Rollbrett auf die Nase gefallen - Entschuldigung, nein, es war das Handgelenk gewesen, mit welchem er elegant seinen Fall vom Rollbrett gestoppt hatte. Daraufhin hatte er gebrüllt und Nachbarn kamen nachfragen, was los sei. Wir legten Eis auf, Reto schlief daraufhin eine Stunde, um danach frisch und munter wieder das Rollbrett, diesmal unter den anderen Arm, zu nehmen und da weiterzumachen, wo er vor einer Stunde aufgehört hatte. Ausserdem war er gerade am Üben für seine neue Passion Triathlon. Sein einziges Problem war das Bremsen beim Fahrradfahren. Er spürte, dass ihm nun die Kraft in der Hand etwas fehlte.

Und jetzt, fast zwei Wochen später, dieses Resultat: gebrochen! Am Wettkampfsonntag nahmen wir ihm die Schiene kurz ab. Er startete mit seinen knapp vier Jahren an seinem ersten Triathlon. Und kam – mit viel Vorsprung – als Erster ins Ziel.

Das Handgelenk heilte trotz Anlaufschwierigkeiten einwandfrei. Nur bei unserer Tochter wartete schon die nächste Hürde auf uns. Die Stäbe sollten wieder operativ entfernt werden. Aber wie würde ihr körpereigenes System auf diesen Eingriff reagieren? Bliebe die Situation stabil oder würden wir erneut mit Kalziumabbau konfrontiert? Die Stäbe mussten raus, schon wegen ihres Wachstums. Nur welches war der richtige Zeitpunkt? Gab es überhaupt einen richtigen Zeitpunkt? Einmal sagte Léonie zu mir: «Weisst du, Mami, bei uns passiert so viel, schlussendlich wendet sich jedoch jede Situation zum Guten.» So durfte es auch diesmal sein. Es kam gut!

Es gab auch Phasen in meinem Leben, während denen ich mich von der geistigen Welt richtiggehend zurückzog. Es war mir einfach zu viel. Ich kam nicht mehr damit klar. Auch Kontakte von Geistwesen – und waren diese noch so freundlich gesinnt – wies ich in diesen Lebensphasen wütend zurück. Ich wollte nichts mehr hören und sehen und war es leid, für nicht normal angesehen zu werden, sobald ich etwas von diesen Wahrnehmungen erwähnte.

Doch diese Zeiten liessen eine so immense Leere in mir aufsteigen, dass mir das Leben nicht mehr als lebenswert erschien. Ich kämpfte gegen mich selbst und stiess alles ab, was mir wohlgesinnt gegenübertrat. Bis ich mich selbst von aussen betrachten und mich fragen musste: Wer ist das da neben mir? Wo bin ich geblieben?

In diesen Phasen der Leere arbeitete ich auch mit Amacord nur noch mechanisch. Ich hatte meine Sinne auf ein «so muss es gehen» reduziert und mein «Ich» schaute dem Geschehen von irgendwo weit entfernt zu.

Die Quittung kam. Nicht von oben, nein, sie kam postwendend – von Amacord! Er hielt mir den Spiegel eins zu eins hin. Ich verstand die Welt nicht mehr. Es war ein Gefühl, als stünde ein Fass Dynamit zwischen uns. Unser Trainer sah uns kurz zu und dann folgte eine hitzige, heftige, dampfende Diskussion. «Meine liebe Reni, vergiss die Theorie, vergiss die Techniken nach mir oder Dysli oder Parelli. Du und nur du kannst dieses Pferd aus deinem ‹Ich Bin Reni› heraus bewegen. Bei Amacord reicht ein Millimeter zu viel oder zu wenig. Arbeite mit deinem Gefühl, mit deiner Intuition und lass dich führen!»

Das war in Mundart übersetzt der «Chlapf an den Grind»! Es gibt Momente, da reichen nonverbale Gesten. Es gibt Momente, da genügen ein paar Worte und dann gibt es leider auch die Momente, in denen das Sprichwort zum Zuge kommt: Wer nicht hören will, muss fühlen. Die nächste Nacht verbrachte ich damit, sämtliche Eindrücke auf mich wirken zu lassen, zu überlegen, zu reflektieren, zu ändern, und den Umgang mit Amacord und vor allem mit meinem «Ich Bin» neu zu finden, anzunehmen und neu zu gestalten.

Von diesem Moment an verschmolzen Amacord und ich wieder zu einer Einheit. Die daraus resultierenden Worte unseres Trainers: «Von euch könnte man den Werbefilm drehen: ‹Vom verrückten Renner zum Partner Westernpferd›.» Die schmolzen wie Honig den Hals hinunter.

Erkenntnis

So endete meine Zeit, mit dem Kopf durch die Wand zu stieren und im Alleingang mechanisch denkend und fühlend durch die Welt zu steuern. Ich verfolgte nun aus einem ganz neuen Bewusstsein meinen Weg. Ich suchte die Verbundenheit in der Natur, mit den Wesenheiten und nahm alle Zeichen dankbar an. Offen für neue Ideen, auf Wegweiser achtend und im Wissen, in Verbundenheit geführt zu werden, ging ich weiter.

So fing ich wieder an, mich vermehrt der Kraft der Heilsteine zu widmen. Ein Heilstein heilt nicht, aber er kann Impulse übertragen, welche einen anderen Blickwinkel ermöglichen, oder hilft, die eigene Kraft zu bündeln oder in eine eigene Ruhe zu finden. Durch das kann ein Heilstein auch als Unterstützung bei Krankheiten und neuen Aufgaben im körperlichen, seelischen und geistigen Bereich seinen Einsatz finden.

In einem Steinladen kann ich mich stundenlang aufhalten, Energie tanken und neue Sichtweisen weiter verfolgen. Wenn immer möglich mache ich einen Abstecher in den Steinladen von Lucia. Als ich sie kennenlernte, hatte sie noch einen kleinen, überschaubaren Steinladen in den Bergen. Inzwischen gibt es wohl kaum mehr einen Stein, den man bei ihr nicht finden könnte. Mich fasziniert immer wieder die positive und unermüdlich helfende Energie, welche sich über all die Jahre in diesem Umfeld gehalten, ja sogar vertieft hat.

Durch diese Faszination geprägt stimmte ich natürlich sofort freudig zu, als ich angefragt wurde, ob ich der Heilstein-Testgruppe Schweiz beitreten wolle. Wir erarbeiteten in der Gruppe und auch jeder Einzelne für sich über mehrere Wochen die Wirkung eines einzigen Steines. Zum Teil erhielten wir den jeweiligen Teststein ungesehen auch in einem Säckchen, damit wir uns kein Bild davon machen konnten. Es war immer wieder erstaunlich, welche Übereinstimmungen dabei herauskamen.

Unsere schriftlichen Stellungnahmen, mehrere A4-Seiten voller beantworteten Fragen, wurden danach zusammengetragen und in Deutschland ausgewertet.

In einem Steinladen stiess ich auch das erste Mal auf ein Buch mit der Überschrift «Orbs». Glücklich kam ich nach Hause, um mit meinem Mann meine neuesten Erkenntnisse zu teilen. «Jetzt weiss ich endlich, wie man die fliegenden Kugeln, welche zwischendurch an mir vorbeiziehen, nennt!», rief ich freudig.

Er fing an zu googeln und meinte dann – typisch Erdling! – trocken: «Alles Fake!» Diesmal liess ich nicht locker und fragte nach: «Wenn das auf Fotos Fakes sein sollen, warum sehe ich sie dann mit blossem Auge?» Der Ball lag nun bei ihm, mich von der Nichtexistenz der Orbs zu überzeugen. Die Begründung, Digitalkameras würden diese Lichtkugeln auslösen, konnte ich auch nicht stehen lassen – waren doch auf unseren eigenen Hochzeitsbildern Orbs zu sehen, aufgenommen vom Mann meiner Brautführerin mit einer hundsgewöhnlichen Analogkamera!

Anstatt den Gegenbeweis zu erbringen, überzeugte er sich immer mehr selbst von der Echtheit der Orbs. Zumal er die schönsten Orb-Bilder selbst mit seiner Kamera knipste. Den definitiven Durchbruch im Glauben an die Echtheit erlangte er dank der Fotoserie, welche er von unserem sitzenden Hund aufnahm, worauf zu erkennen war, wie sich der Orb fortbewegte.

So langsam kam in mir das Gefühl hoch, auf diesem Planeten zu Hause angekommen zu sein.

Meine langjährige Freundin Anja sah mich zwar skeptisch und staunend an, als ich ihr einen Heilstein, welcher ihr aufgefallen war, zur Probe schenkte. Über unser darauffolgendes Gespräch war ich dann nicht weniger erstaunt. Sie rief mich an und meinte: «Das ist ja unglaublich, was in mir abgeht, seit ich diesen Stein bei mir trage. Ich fühle mich total aufgeladen und wie elektrisiert. Was hast du mir da mitgegeben?»

Anja und René passten von ihrer Einstellung her wie «Arsch auf Eimer» zusammen, sprich, sie glaubten beide nur, was Schwarz auf Weiss geschrieben und bewiesen war. Vielleicht bin ich masochistisch veranlagt, dass ich mich diesem Kampf gegen Windmühlen freiwillig im Doppel aussetzte? Und doch, ein Trost an meiner Seite, ihnen musste es sicherlich gleich wie mir ergehen. Sie suchten ja die Herausforderung auch immer wieder aufs Neue.

Mit Anja verbrachten wir so manchen Tagesritt und durften die witzigsten Erlebnisse teilen. Ich vergesse nie, wie wir einmal umkehren mussten wegen einer Ziege, welche uns neugierig ansah, als wir ihren Hof überquerten. Umkehren mussten wir nicht, weil sie uns nicht durchgelassen hätte, nein, sie verfolgte uns meckernd und hüpfend quer über die Felder und durch den Wald. Zur Umkehr war sie nicht zu bewegen. Ihre lustige Art und ihre meckernden Erzählungen – und sie hatte viel zu erzählen – waren goldig. Irgendwann merkten wir, wie sie sich orientierungslos umsah. So kehrten wir um und dankbar lief sie weiter hinter uns her. Ihr Meckern wurde leiser. Sie schien langsam müde zu werden. Als wir den Steilhang zu ihrem Hof hinauf mussten, sah sie uns an, als wollte sie sagen «Ist das euer Ernst? Könnte mich bitte einer hier hochtragen?» Mit einer hechelnden Ziege im Schlepptau kamen wir oben an. Dort erkannte sie freudestrahlend und erneut laut meckernd ihre vertraute Umgebung.

So ist es eben, viele Wege führen nach Rom. Zwischendurch benötigt es einfach eine meckernde Zusatzschlaufe.

Amacord kannte Anja gut, als sie anbot, ihn zu reiten während den letzten Zügen meiner Schwangerschaft. Ich war für diese Lösung so dankbar. Solange ich dabei war, schien auch alles in Butter zu sein. Amacord war brav und anständig, ja schon fast zuvorkommend höflich ... Doch kaum war ich weg, ging die Post ab.

Anja wollte im Sand alleine mit ihm arbeiten. Zuerst legte er nur die Ohren an. Als sie aufstieg, lief er wie eine Nähmaschine ohne Takt. Anja wollte sich durchsetzen, sie wusste ja, was Amacord wirklich konnte. Von diesem Moment an sah sie keine Ohren mehr, so flach lagen sie an Amacords Kopf. Gleichzeitig schoss der Kopf samt Hals und Vorderbeinen vor ihr in die Höhe. Sie konnte sich nur noch im Sattel festhalten. Als sie abstieg, um nachzuschauen, ob etwas mit dem Sattel nicht in Ordnung war, wirbelte Amacord mit offenem Gebiss zu ihr herum, stand mit wild funkelnden Augen und Drohgebärde vor ihr.

So, jetzt reichte es. Ebenso wutentbrannt kam Anja, um mich über diese «Kröte» zu informieren. Ich hatte mir noch nie so viele böse Worte über meinen «Engel

Amacord» anhören müssen. Mein Vermitteln scheiterte kläglich. Anja war zwar bereit, nochmals in den Sattel zu steigen. Doch Amacord genoss es sichtlich, mit uns zu spielen. Er wartete ruhig, bis ich wegen meinem Bauch einen Stuhl neben ihm platziert hatte. Um in den Sattel zu gelangen, war mir inzwischen jedes Hilfsmittel recht. Als ich endlich oben war, präsentierte sich Amacord in den schönsten, harmonisch perfekten Gängen. Im Trab flog er sichtlich über den Boden. «Ja, so möchte ich dieses Pferd auch reiten!», rief Anja immer noch schmollend. Also tauschten wir die Plätze. Anja hatte wesentlich mehr Mühe, in den Sattel zu gelangen, aber nicht etwa wegen dem Bauch. Kaum war sie oben, ging auch die Theatervorstellung weiter. Erneut fing Amacord an, wie eine Nähmaschine ohne Takt durch die Gegend zu trotzen.

Ich weiss nicht, wer wütender schnaubte, Amacord unter dem Sattel oder Anja, als sie von dem Pferd abstieg, welches sie fortan nur noch «die Kröte» nannte.

Kaum zeigte sie sich in Amacords Blickfeld, legte dieser die Ohren nach hinten und zeigte ihr noch Jahre danach jedes Mal die Zähne. Erst im hohen Alter wurde er wieder freundlicher zu ihr. Vielleicht war es auch seine Lebenserfahrung, die ihn weiser handeln liess.

Ja und an Lebenserfahrung hatte Amacord doch einiges zu bieten. Durch ein einschneidendes, sehr trauriges Erlebnis mussten wir durch, als eine Pensionärin unseres Stalls ihr Pferd mit voller Überzeugung, das einzig Richtige zu tun, vom Metzger schiessen lassen wollte. Ich verstand es nicht, ich verstehe es heute noch nicht. Vor Jahren hatte ich ihr versprochen, wenn es einmal so weit sein sollte, ihr mit Sterbebegleitung beizustehen.

Vielleicht musste diese Pferdeseele diesen Weg gehen, um uns Menschen etwas sehr Tiefgreifendes und Unfassbares aufzuzeigen. Die Gespräche und Hilfestellungen, welche wir ihr anboten, konnten sie nicht umstimmen. Auch Otti hatte es versucht, der mit seiner besonnenen Art doch so manches Schiff vor dem Kentern bewahrt hatte. Hundert Möglichkeiten hätten nicht gereicht, die Besitzerin einen anderen Lösungsweg einschlagen zu lassen. Otti rief mich an, mit ernster, trauriger Stimme sagte er: «Schätzeli, so traurig es sein mag – keine Chance!»

Alle geistigen Helfer «anzupfuttern», das Bitten und Beten nützten nichts. Verbittert fragte ich die geistige Welt nach dem Warum. Warum lasst ihr das zu und was soll auch ich daraus lernen? Ich, die jede Maus vor der Katze und jede Spinne vor dem Staubsauger rette und alles Halblebendige wieder gesund zu pflegen versuchte, musste da durch? Ich verstand den Sinn nicht, ich verstand es einfach nicht! Fix und fertig und im Kampf mit mir selbst übernahm ich die Begleitung, damit die Neutralität in der Situation erhalten blieb. Schliesslich hatte ich es der Besitzerin vor langer Zeit versprochen.

René nahm frei, um mir in einer für mich beängstigenden Ruhe Unterstützung zu geben. Er geht immer vom Standpunkt aus: «Jammern kann jeder, wenn du eine Veränderung herbei führen willst, so bringe Lösungsvorschläge. Es gibt Entscheidungen die sind unumstösslich, das ist der Moment, in dem auch du deine Ideen loslassen musst. Wenn ein Entscheid definitiv ist, mach das Bestmögliche daraus. Auch akzeptieren zu können, gehört dazu.» Vielleicht war René genau wegen diesem Credo immer meine letzte Anlaufstelle. Doch von Akzeptanz war ich gerade noch meilenweit entfernt.

Vor mir sah ich eine riesige unüberschaubare Wand, vollgekritzelt mit offenen Fragen.

Der Kampf nahm ein jähes Ende. Ein leises «Tac» und der Bolzenschuss war vorüber. Ein grosses, imposantes Pferd fiel leise in die Wiese. Der Wallach im mittleren Alter wurde auf seiner eigenen Weide vom Metzger auf die ewigen Weiden befördert. Die Besitzerin blieb auf der Bank vor dem Stall sitzen. Die Weide war nicht in ihrem Sichtfeld. Sie hielt sich die Ohren zu und liess die Augen geschlossen. Den Schuss konnte sie weder hören noch sehen und doch – in dem Moment als das «Tac» kam, zuckte sie weinend neben mir zusammen.

In diesem Moment empfand ich die Worte des «Vaterunsers» ganz deutlich. – Wie oft hatte ich dieses Gebet schon gesprochen. Es war wie ein Versuch oder eine Annäherung, den Satz, und wenn auch erst ansatzweise, zu verstehen – zu verstehen, warum NICHT mein Wille zählte. Das Gebet löste plötzlich ein Loslassen, ein Annehmen und ein Geschehenlassen in mir aus. Mit einem Wort ausgedrückt, einfach nur: Demut. Und so verstand ich vielleicht zum ersten Mal überhaupt den Satz: «DEIN Wille geschehe ...»

Es war auch das erste Mal seit Tagen, dass ich wieder richtig durchatmen konnte. Irgendwie wurde ich trotz allem, was geschehen war, ruhiger.

Nur Amacords Gefühle hatte niemand beachtet. Er weinte auf seine Art um seinen langjährigen Freund. Am nächsten Morgen sah sein Stall aus, wie nach einer verlorenen Schlacht. Überall waren Bollen verteilt, sogar im Futterbecken. Er, der ansonsten so reinlich war, schien in seiner Boxe völlig auszuticken. Am darauffolgenden

Tag liess er sein Morgenfutter stehen, ausserdem hatte er Durchfall. Immerhin «hässelte» er noch die Leute an. Das war immer ein Zeichen, dass sein Gesundheitszustandsbarometer noch im Bereich des Positiven einzustufen war. Doch dann liess er auch das Mittagsfutter unberührt und trinken wollte er auch nicht mehr. Am dritten Tag wurde er apathisch. Nicht einmal auf Zurufe reagierte er, stattdessen blieb er nur noch zuhinterst im Eck des Stalles stehen. Amacord schien das Leben satt zu haben.

Okay, jetzt galt es, tief durchzuatmen. Wir hatten Dezember, ein Pferd zu dieser Jahreszeit aus einem Innenstall herauszureissen und in einen Freilaufstall zu verlegen, war sicherlich nicht in meinem Sinn und im Normalfall auch nicht die optimale Lösung. Doch wir sahen keine Alternative und eine Änderung musste eintreten. Unsere anderen Innenställe waren alle belegt und so starteten wir die Feuerwehrübung mit viel Bauchweh. Ein alter, lieber Wallach sollte sein Stallkollege werden. Mit einer «Leck-mich-am-Arsch-Stimmung» und hängendem Kopf trottete Amacord hinter mir her zum Freilaufstall hinter dem Hauptgebäude.

Mein Bauchweh verschwand blitzartig, als ich Amacords Augen leuchten sah. Er beschnupperte seinen neuen Freund und wieherte zur Begrüssung. Danach stürzte er sich sofort aufs Heu und leerte in einem Zug einen ganzen Eimer Wasser. Mit diesem Lichtblick wuchs unsere Hoffnung, dass Amacord über den Tod seines langjährigen Freundes doch noch hinwegkommt.

Als ich am nächsten Morgen in den Stall kam, stand Amacord zufrieden in seinem neuen Zuhause. Nur der liebe alte Wallach, sein neuer Stallkollege, traute sich nicht mehr hinein. Seine Versuche, ans Futter zu gelangen, blieben erfolglos. Amacord kam sofort zu ihm, um freudig an ihm herumzuknabbern. Doch der alte Herr konnte mit so viel Nähe nicht umgehen. So starteten wir die nächste Feuerwehrübung. René baute den Stall um. Wir mussten den mittleren Stützpfosten lösen, um Bretter dazwischen zu schieben, damit beide Herren ihre Zufriedenheit fanden.

Aufbau

Ich bin sehr froh, dass ich so viel irdische Unterstützung und erdige Menschen an meiner Seite wissen darf. Sie geben mir immer wieder den nötigen Boden, um im Gleichgewicht zwischen den Welten zu bleiben.

Meine irdischen Lebenswünsche sind eigentlich ziemlich banal. Einerseits will ich, bis unser Jüngster 20 Jahre alt ist, kein graues Haar haben und andererseits wünsche ich mir, am Ende meines Lebens alle Menschen so bedingungslos lieben und verstehen zu können, wie ich es mit den Tieren wie selbstverständlich einfach lebe. Eine Ausnahme gibts: Ein «Ohrengrübler» kann mich ins Kreischen versetzen! Unser Hufschmied fand zwar, das Zweite sei definitiv ein unerreichbares Wunschdenken von mir. Er wisse ja schon, erklärte er mir, dass der Herrgott verschiedene Kostgänger auf seiner Erde habe, aber Verständnis für jeden Trottel aufzubringen, sei dann doch etwas viel verlangt.

Die Gespräche mit unserem Hufschmied sind immer eine willkommene Abwechslung. Er schafft es tatsächlich, nochmals eine ganz andere Sichtweise in den Lauf der Tatsachen zu bringen. Je nachdem, wie Amacord gerade drauf war, oder anders gesehen, je nachdem, ob ich gerade meine Tage hatte, konnten wir mehr oder weniger miteinander bereden. Wenn ich meine Tage hatte, kamen wir nicht zum Sprechen, weil uns keine Zeit blieb, um Luft zu holen. Das war Krafttraining auf hohem Level. Man stelle sich den Ausdruck «Benehmen wie ein Wildschwein» vor und dann setze man anstatt dem

Wildschwein den Namen Amacord an die Stelle. Ganz im Gegenteil, wenn ich im «Normalzustand» als Aufheber mit half. Unglaublich, wie Amacord dann ohne weitere Aufforderung und selbstständig das richtige Bein zur richtigen Zeit an die richtige Stelle anhob, damit Rolf ungehindert die Hufeisen aufnageln konnte.

Unter dem Sattel konnte Amacord auch «täubelen», wenn ihm etwas nicht passte. Dort «stämpfelte» er aber seine Verrückte auf der Stelle trabend in den Boden. Dabei konnte ich einhändig mit durchhängendem Zügel oben drauf sitzen, er rollte seinen Hals wunderschön ein und gab in imposanter Körperhaltung sein «Hier komme ich, Chef Amacord» zum Besten.

In den Zügeln zu liegen und davon zu stürmen, war nie seine Masche. Er war aufgeweckt und interessierte sich auch für Nichtalltägliches. So folgten wir eines Tages neugierig einem undefinierbaren Lärm. Hinter dem Wald sahen wir, dass es sich um ein Motocrosstraining handelte, von dessen Lärm wir angelockt wurden. Als wir näher kamen, juckten zwei Männer von ihren Stühlen auf und stoppten die Crossfahrer. Als ich merkte, dass sie unseretwegen so ein Theater veranstalteten, um Amacord keinen Schrecken einzujagen, musste ich mir ein Lachen verkneifen. Ich teilte ihnen mit, dass wir ihretwegen gekommen waren, um ihre Fahrten aus der Nähe zu bewundern. Also liessen sie, ein wenig irritiert, die Motoren wieder starten. Sie konnten es kaum fassen, wie cool Amacord am durchhängenden Zügel dastand und interessiert den Crossfahrern zuschaute. Egal, wie viel Dreck herum spritzte und wie laut diese zweirädrigen Maschinen vor ihm mit heulenden Motoren um die Kurve sausten. Erst im Nachhinein erfuhr ich, dass sie vor uns einen Reiter zu spät bemerkt hatten, dessen Pferd dann ihretwegen das Weite gesucht hatte.

Loslassen

Uns allen wurde wieder einmal bewusst, dass dieses Leben endlich war, als Otti nach kurzer, schwerer Krankheit ins Jenseits wechselte. Irgendwie fand damit eine unglaubliche, verrückte, lebensbejahende und kraftvolle Ära ihr Ende. Otti hinterliess immer den Eindruck, das irdische Leben sei unbezwingbar. An seinem 80. Geburtstag tanzte er uns allen voran ausgelassen die ganze Nacht durch. Er fuhr auch mit 86 Jahren noch Rennvelo, hatte das Surfbrett auf dem Autodach und war schneller auf dem Pferd als die meisten jüngeren Reiter.

Erst eine Woche vor seiner Krebsoperation entschied er, auf Anraten des Arztes, nicht mehr in den Sattel zu steigen. Als Otti im Sterben lag, sagte ich traurig und doch in tiefer Dankbarkeit zu Amacord: «Aufhalten können wir den Lebenslauf nicht, aber wir können den heutigen Ritt in Verbundenheit Otti schenken.» Amacord zog im Tempo an. Mit Galopp im Kopf und Feuer im Blut waren wir unterwegs. Wir hofften, dass Otti an diesem Ritt in Gedanken teilhaben durfte.

Am darauffolgenden Tag, früh am Morgen, zeitgleich mit dem Sonnenaufgang, wechselte Otti ins Jenseits. In tiefer stiller Verbundenheit an unseren grossen Freund: Otti, du fehlst uns.

Dies liess auch meinen Vater aufhorchen, welcher selbst doch auch schon so vieles überlebt hatte, was als nicht überlebbar galt. So forderte er mich auf, ein Testament für Amacord zu schreiben. Er wollte sicherstellen, dass wenn Amacord ins Jenseits wechseln sollte, alle Beteiligten wüssten, was zu tun sei. Jeder rechnete damit, dass ich in diesem Moment nicht bei vollem Bewusstsein und nicht ansprechbar sein würde.

So setzte ich mich eines späten Abends zu Amacord in den Stall und führte eine sehr ernste und tiefgreifende Kommunikation mit ihm. Die für mich wichtigsten Punkte waren mir danach klar. Jedoch gab es zu diesem Zeitpunkt so manches, was ich noch nicht begriff. Ich beliess die Worte so, wie sie nun auf dem Blatt Papier standen.

Ein paar Tage später fuhr ich zu einer professionellen Tierkommunikatorin, um die Kommunikation mit Amacord nachprüfen zu lassen. Sie sah dabei noch ein weiteres Detail, welches für mich zu gegebener Zeit sehr einschneidend werden sollte. Momentan liess mich die geistige Welt diesbezüglich noch im Dunkeln tappen.

Zum Glück strotzte Amacord nach wie vor mit Kraft und Saft. Ausser ein paar kleineren Ausfällen, wobei nicht immer klar war, ob effektiv er oder ich die gesundheitlichen Beschwerden hatten, durften wir unsere gemeinsame Zeit in vollen Zügen geniessen. Bei einem Rotlauf (oder Blutvergiftung, wie man es beim Menschen nennt), verursacht durch einen Stich, wollte bei Amacord trotz Antibiotika und fürsorglicher Betreuung keine Besserung eintreten. Amacord sollte mehrmals täglich bewegt werden, um die Schwellung am Bein weg zu bringen und auch das Fieber sollte sich wieder auf Normaltemperatur senken.

Schliesslich teilten wir uns die Betreuung auf. So übernahmen die Reiterweibis den Nachmittag, René marschierte am späten Abend und ich morgens um fünf und am Vormittag mit ihm durchs Gelände. Der Anblick schmerzte und ich wünschte mir wie schon öfters, ihm einen Teil der Schmerzen abnehmen zu können.

Am frühen Morgen wurde ich von irgendetwas gestochen und landete daraufhin selbst beim Arzt. Wegen Schüttelfrost, Entzündung und dick geschwollenem Bein wurde nun auch mir Antibiotika verabreicht.

René rief aus: «Wieder einmal typisch, man könnte die Uhr danach richten! Wenn du eine Blasenentzündung hast, findet man bei Amacord ebenfalls Blut im Urin. Hast du Kopfschmerzen, lauft ihr beide mit gekreuzeltem Blick durch die Gegend. Aber war das jetzt wirklich auch nötig?»

Wir hatten aber auch immer wieder einmal Zeiten, in denen wir uns gegenseitig im Hörnerabstossen die Hand (oder das Huf?) hätten geben können. Einmal kam ich mit einer derartigen Unruhe in mir drin zu Amacord, dass es ihm «den Deckel hob». Er keifte mich mit angelegten Ohren und offenem Maul wütend an. Als ich darauf mit Zurückkeifen reagierte und mit immer noch gleicher Stinklaune ans Satteln ging, bockte er mir den Sattel in hohem Bogen vom Rücken herab. Wer weiss, wie viel Gewicht ein Westernsattel hat, kann sich sicher auch denken, dass nicht nur der Sattel, sondern auch ich, spätestens nach dieser imposanten Vorstellung, erschrocken auf dem Boden der anständigen Normalität landen mussten.

Es gab aber immer auch Momente, da verstand Amacord meine «Leck-mich-am-Arsch-Stimmung» bestens. Er hörte mir aufmerksam zu, wenn ich ihm alle Ungerechtigkeiten der Welt, welche mir widerfuhren, vorjammerte. Und mit jedem Galopp, den wir in den Waldboden stampften, ging ein Stück Frust und Enttäuschung verloren. Ja, wir liebten das Tempo, wir liebten den Wind, der uns die Tränen in die Augen trieb.

Die Tränen der Wut verwandelten sich in Tränen der Freiheit. Wie atemberaubend diese Ritte auch waren, zu Hause waren wir beide wieder zufrieden und konnten der Welt mit lachenden Augen und neuer Sicht stolz entgegen treten.

Die telefonische Nachricht meiner Mutter, meine Lehrlingschefin habe sich das Leben genommen, erreichte mich nicht ganz unvorbereitet. Ich fragte sie, ob sie etwas wisse wegen der Beerdigung und bekam zur Antwort: «Ich glaube, die ist schon gewesen. Vermutlich liegt sie auf dem Friedhof ihrer Wohngemeinde.» Ich konnte es nicht lassen, meiner Mutter zu antworten: «Ja, ich werde versuchen, das Grab ausfindig zu machen, damit ich ihr ein Röslein hinlegen kann. Aber sie liegt nicht wirklich dort. Sie geistert umher.» Einen Moment blieb es ruhig in der Leitung. Dann fand meine Mutter wieder Worte. «Ach, was du wieder zusammenspinnst», konterte sie schroff. Was konnte ich dafür? Meine Lehrlingschefin zeigte sich mir in der Nacht und wollte mit mir reden. Ich wies sie zurück mit den telepathischen Worten: «Es ist nicht mein Problem. Ich kann es nicht ändern.» Zwischendurch spürte ich ihre Anwesenheit auch tagsüber, wenn ich unterwegs war.

Egal, es liess mich trotzdem nicht los und ich versuchte, dem Ganzen auf die Spur zu kommen. So ging ich auf den Friedhof und versuchte, ihr Grab zu finden. Ein Mann, vielleicht 55 Jahre alt, stand mit leerem Blick fassungslos vor einem frischen Grab, als ich leise vorüberging. Er war abwesend, ja er war weit, weit weg. Irgendetwas musste ihn dann doch aus seinem traurigen Zustand gehoben haben. Er sah mich plötzlich an und fragte, ob er mir helfen könne. Ich erzählte ihm von meiner Lehrlingschefin, welche kürzlich verstorben sei und ich wolle ihr eigentlich eine Rose auf das Grab legen. Ihm war ihr Name nicht bekannt. Trotzdem half er mir beim Weitersuchen. Erfolglos wollte ich aufgeben, als er zu mir meinte: «Kommen Sie, gehen wir zur Gemeinde, dort wissen sie sicher, wo das Grab liegt.» Ich getraute mich anfangs nicht, und doch bestärkte er nochmals mit den Worten: «Wenn sie nicht hier ist, dann erfahren Sie wenigstens, wo Sie weitersuchen müssen.» So ging ich mit ihm mit.

Auf dem Weg kamen wir ins Gespräch. Ich erzählte ihm, dass meine Lehrlingschefin leider keinen anderen Ausweg mehr gesehen hatte, als ihr Leben selbstgewollt zu beenden. Traurig sah er mich an und erzählte, dass er seine Frau leider hätte loslassen müssen. Sie war krank gewesen und hatte es nicht mehr geschafft, ins Leben zurückzukehren. Die Situation kam mir vor, wie wenn jemand ein Kind verliert und nebenan treibt wer ein Kind ab. Irgendwie einfach verrückt. Je länger wir sprachen, desto mehr sah ich in seinen traurigen Augen kleine Lebensgeister aufflackern. Auf der Gemeinde erfuhren wir, dass die Lehrlingschefin in ihrem Heimatland begraben worden war. Sie gaben mir sogar detaillierte Angaben mit. Als der Mann und ich uns verabschiedeten, hatte ich das Gefühl, dass er nun wieder ein klein wenig Leben in sich selbst spüren konnte. Ich betete für ihn in der Hoffnung, dass er über seinen tiefgreifenden Verlust hinwegkommen möge. Die mitgebrachte Rose legte ich später auf dem Grab seiner Frau nieder.

In der Nacht jagte es mich dann wieder aus meinem Körper hinaus in eine andere Ebene. Nachdem ich mich zweimal erfolglos weigern wollte zuzuhören, blieb ich diesmal dort. Es zeigte sich mir ein Bild von einem Café, in dem ich ab und an mit meiner Lehrlingschefin die Pause verbracht hatte. Trotz des frappanten Altersunterschiedes – sie hätte meine Mutter sein können – hatte sie mir jeweils von ihren Problemen erzählt, welche sie gerade beschäftigten. Ich konnte ihr damals zuhören, doch Ratschläge wären schon aufgrund meines jungen Alters und meiner noch weit fehlenden Lebenserfahrung komplett unmöglich gewesen.

Und genau in diesem Raum von damals befand ich mich jetzt. In der Realität gab es dieses Café schon lange nicht mehr. Das realisierte ich jedoch erst, als ich meine Lehrlingschefin auf mich zukommen sah. Ich sah, wie ich selbst vor Schock kurz wegtauchte. Als ich wieder zu mir kam, fragte sie freundlich, was los sei. Ich gab ihr zur Antwort, dass ich davon ausgegangen wäre, sie sei tot und nun komme sie auf mich zu.

Wie es ihr wohl in so einem Fall ergangen wäre? Sie bejahte meine Annahme ihrer Reaktion und sagte, es sei wichtig, sie müsse unbedingt mit mir reden. Es sei nicht in Ordnung, was die Leute über sie erzählten. Ich müsse diese Fehler richtigstellen. Wir setzten uns an einen Tisch. Neben mir sah ich meine Mutter sitzen, die unserer Unterhaltung zuhörte. Dann sah ich die Alkoholflasche, ihre Etikette sehe ich bis heute noch deutlich vor mir. Es ging um Betrug, unterschlagenes Geld und die Schuld an der Tat wurde alleine ihr untergeschoben. Sie war mit den Konsequenzen, welche daraus resultierten, nicht klargekommen, hatte sich an den Heizkörper gehängt und sich die Pulsadern aufgeschnitten. Und nun wurde sie von der Umwelt falsch verstanden.

Es sei nicht in Ordnung, dass man sie dermassen beschuldige, versicherte sie mir.

Nach längerem Gespräch jagte es mich wieder in meinen Körper hinein. Schweissgebadet und nach Luft japsend wachte ich auf. Am nächsten Tag erzählte ich meiner Mutter von den nächtlichen Geschehnissen. Sie hörte mir zu und meinte dann mit einem Aufruf: «Hä, eigentlich schon eigenartig, ich lag diese Nacht längere Zeit wach, es war einfach komisch und ich hatte keine Ahnung warum. Aber ja! Kein Wunder, wenn wir zusammen Kaffeetrinken gingen!»

Ich gab auf. Ich hoffte, dass es meiner Chefin gut getan hatte, dass ich zugehört hatte. Machen konnte ich leider nicht viel. Oder hätte ich zu meinem ehemaligen Big-Boss rennen sollen, um ihm zu sagen, man müsse den Fall neu aufrollen, meine Chefin sei mir in der Nacht begegnet und habe mich über die Geschehnisse informiert?

Stattdessen holte ich Kerzen für sie. Ich stellte sie im Freien auf. In der Mitte eine Lavendelkerze für Herz, Liebe und Vergebung und drum herum vier kleinere Kerzen, symbolisch für jede Himmelsrichtung. Waldburgisnacht war sogar, wie ich aus dem Radio an diesem Nachmittag erfuhr. Ich betete innig das Vaterunser und bat die Engel, sich bitte ihrer anzunehmen und sie in ihr neues Daheim zu begleiten. Dann ging ich hinein und zündete eine Kerze in einem hohen Glas neben mir auf dem Tisch an.

Nur mein Mann und ich waren im Raum, als eine grosse Stichflamme aus dem Glas hochging. Mein Mann juckte auf und rief, was jetzt schon wieder los sei! Dann wurde es ruhig. Ich sagte nur zu ihm: «Jetzt ist sie sicher abgeholt worden.» Sein Blick war ziemlich vernichtend, aber was sollte ich tun? Interessanterweise erzählte mir dann später jemand, der noch in besagtem Geschäft arbeitete, dass die Leute sich über längere Zeit bedrängt gefühlt hätten und dann sogar angefangen hätten, die Räume auszuräuchern. Unstimmigkeiten zu diesem Fall seien schlussendlich doch noch ans Tageslicht gedrungen und jetzt sei Ruhe eingekehrt.

Einfach nur leben ...

Nach solchen Erlebnissen sehnte ich mich nach Erholung in der Natur. So sattelte und bepackte ich Pony und Pferd, um gemeinsam mit unserer Tochter loszuziehen. Da unsere Tochter noch klein war, versuchte ich natürlich, den Ritt etwas besser zu planen. Ich wollte uns doch nicht unnötig Stress aufhalsen. Mit zwei Pferden, einer Hündin und unserer nonstop quasselnden Tochter hatte ich schon genug um die Ohren. Wir genossen den Ritt bei schönstem Wetter, einfach herrlich. Auch unsere Übernachtungsmöglichkeiten erreichten wir planmässig. Es war wirklich verwunderlich, wie auch unsere Tochter durchhielt, wir waren doch einige Stunden im Sattel unterwegs. Die Picknick-Pausen mit Verpflegung aus dem Rucksack durften natürlich nicht fehlen.

Nur einmal hatte ich Ärger mit meiner Landkarte – oder die Karte mit mir? Eine Frau mit Walkingstöcken kam vorbei und schaute ebenso wissend wie ich auf die eingezeichneten Wege. Schlussendlich entschieden wir uns einfach nach Gefühl, den nächstbesten Pfad zu nehmen. Neben mir wetterte meine kleine Zicke von ihrem Pony herunter: «Typisch, so einen ‹Brunz› hätte ich auch aus der Karte herauslesen können, für das benötige ich keine Mama und keine Walkingfrau.» Doch nichtsdestotrotz fanden wir nach drei Tagen sogar unseren Heimatstall wieder.

Amacord liebte das Reiten und fühlte sich unter dem Sattel sehr wohl. Er liess sich durch nichts einschränken. So schaffte er es doch tatsächlich, trotz Reiter oben drauf, sein hinteres Bein dazu einzusetzen, um sich hinter seinem Ohr zu kratzen. In diesen Momenten sass dafür der Reiter oben drauf ziemlich eingeschränkt und freiwillig bockstill. Wer wollte schon den Unfallschein mit den Worten «wegen Ohrenkratzen mit dem Hinterhuf vom Pferd gefallen» ausfüllen?

Amacord war nicht nur im übertragenen Sinn standfest. Er war es in allen Belangen. Auch dem grössten Sauwetter konnte er etwas Positives abgewinnen. Jede Pfütze musste er anpeilen, um darin zu plantschen. Das damit verbundene Putzen anschliessend an seinem kitzeligen Bauch fand er natürlich nicht so toll.

Ich liebte es, mit Amacord ganz alleine auch beim grössten Sauwetter unterwegs zu sein. Dann konnten wir mit dem Regen und dem Sturm um die Wette rufen und singen und ungestört unsere Zweisamkeit geniessen. Oder sollte ich besser sagen: Keiner musste uns anhören? Es gab eine Zeit, in der arbeitete ich so viel, dass ich erst spät abends im Stall ankam. Unsere daraus resultierenden nächtlichen Ritte waren immer von einer ganz eigenen Atmosphäre begleitet und von einem eigenen Erholfaktor geprägt. René war es nicht ganz wohl, wenn wir so spät noch unterwegs waren, und stattete uns deshalb mit einem Pfefferspray aus. Nichts gegen den Pfefferspray – doch ich verliess mich lieber auf Amacord. Er gab mir immer ganz gezielt an, wenn von irgendeiner Seite «Gefahr drohte». In einer wirklich schwarzen Nacht und bei grösstem Sauwetter zeigte mir Amacord plötzlich, dass links von mir jemand sein musste. Ich hielt inne und lauschte in die Dunkelheit. Nichts! Weiter vorne nahm ich auf der rechten Seite, im fahlen Schein einer Laterne, ein paar Gestalten in Militäranzügen frierend auf dem Boden kauernd wahr.

«Hey, was soll das? Da ist nichts!», wetterte ich Amacord an. Er schnaubte gereizt zurück und gab erneut links an. Ich versuchte, nochmals die Dunkelheit mit meinen Augen zu durchdringen, als mich ein Husten links von mir erschreckte. Tatsächlich sass da ein Soldat unmittelbar neben uns im Gebüsch!

Ich liebe Herbststürme, wenn sich die Bäume biegen, Blätter durch die Luft wirbeln und der Wind um die Ohren pfeift. Ich liebe den Winter, den Schnee auf den Tannen und die weiss glitzernde, schlafende Natur, am liebsten warm eingepackt einen Mondscheinritt geniessend. Doch auch diese Jahreszeiten können ihre Tücken mit sich bringen. Während einem Abendritt wurden wir zu sechst, also drei Pferde und drei Reiter, dermassen vom Nebel überrascht, dass wir innert kürzester Zeit nicht einmal mehr die Hand vor dem Gesicht erkennen konnten. Wir waren im Wald unterwegs und sollten irgendwie hangabwärts in Richtung Stall zurückgelangen. Die Orientierung wurde vom Nebel verschluckt. Ausnahmsweise war dieser Sinn nicht nur bei mir verlorengegangen! So für mich dachte ich: «Scheisssituation». Aber etwas Besseres hätte mir gar nicht passieren können. Unsere Begleiterinnen waren sehr gute Reiterinnen und hatten ebenfalls erfahrene Pferde. Ich kannte die beiden Frauen als äusserst nervenstark und im Leben standen beide «ihren Mann».

Nach kurzer Absprache entschieden wir uns, Amacord zuvorderst und die beiden anderen Pferde Kopf an Schweif hinterher gehen zu lassen. Ich gab, wie schon so oft, Amacord die Zügel lose auf den Hals und sagte: «Nach Hause bitte!» Amacord war es sich gewohnt, den Rückweg selbstständig finden zu müssen. Egal, wie weit wir auch von zu Hause fort waren, er brachte uns zurück. Das übliche Schauspiel, wie er die Orientierung aufzunehmen vermochte, konnte ich im Nebel leider nur erahnen. Er hielt jeweils einfach kurz inne, schwenkte nur mit dem Kopf nach links und nach rechts und lief dann zielgerichtet los. Ich gab nur nach hinten durch, Amacord ziehe nach links, Amacord gehe nach rechts, Achtung, Wegbelag ändere sich ... Irgendwann kamen wir beim Stall an. Die beiden anderen Reiterinnen gestanden mir später, es sei ihnen schon etwas mulmig gewesen. Komisch, ich hatte mich den ganzen Ritt über einfach nur gut aufgehoben gefühlt. Vielleicht ist es gut, wenn man nicht alles von Anfang an weiss.

So durften wir durch eine heikle Situation gehen, in der uns niemand die Zeit zum Nachdenken einräumte. Wir ritten friedlich schnatternd in Begleitung eines wunderschönen Partbred-Arabers und seiner Besitzerin durch den verschneiten Wald, als vor uns eine Motorsäge aufheulte. Die Distanz konnten wir noch nicht einschätzen und eine Absperrung war auch nicht in Sicht. Plötzlich krachte es. Die Erinnerung an diesen Ton stellt mir heute noch die Haare zu Berge! Wie angewurzelt, vor lauter Schreck gelähmt, hörten wir, wie das Fallen eines imposanten, grossen Baumes bei den nebenstehenden Bäumen die Äste krachend zu Boden riss. In einer Dis-tanz von vielleicht fünf Metern knallte die Baumspitze genau vor uns über den Weg.

Das war zu viel für den Partbred-Araber. Er nahm reissaus, während ich immer noch vom Schock gezeichnet den noch wippenden Baum vor uns auf dem Weg anstarrte. Amacord schnaubte wütend, blieb jedoch gefasst stehen. Unser Stallkollege hielt zum Glück in einiger Entfernung wieder an, als er wahrnahm, dass Amacord nicht mit rannte.

Uff! Schwein gehabt. Einfach nur Schwein gehabt!

Durch ein wirklich schweinisches Erlebnis durften wir dafür durch, als wir nichts Böses ahnend auf einem Waldweg um die Ecke bogen. Wie aus dem Nichts tauchte vor uns ein Wildschwein auf. Der Keiler stellte sich uns mit gesenktem Kopf in den Weg! Ich spürte, wie jede Faser dieses Tieres angespannt war, beobachtend und zum Angriff bereit. Es duldete keine zusätzliche Bewegung unsererseits! Bockstill standen wir da. Auge in Auge.

Die Schrecksekunden fühlten sich wie Stunden an. Am liebsten hätte ich auch die Atmung eingestellt, so unwohl war mir in diesem unberechenbaren Moment. Umkehren getraute ich mich nicht. Wer schon eine Rotte Wildschweine in Bewegung erlebt hat, kann sicher nachvollziehen, dass ich mir nicht sicher war, ob ich und Amacord mit einer Wendung und anschliessendem Galopp oder der Keiler, welcher jetzt bereit zum Durchstarten vor uns stand, schneller sein würden. So versuchte ich, möglichst ohne sichtbare Einwirkung, Amacord zum Rückwärtsgang zu bewegen. Mit argwöhnischem Blick verfolgte der Keiler jeden einzelnen unserer Schritte. Als eine angemessene Distanz zwischen uns lag, merkte ich, wie sich das Tier mit den mächtigen Stosszähnen etwas entspannte. So drehten wir um und ritten langsam aus dem Blickfeld des Ebers davon. Später erklärte mir ein Jäger, dass sich der Keiler in den Weg gestellt hatte, um seine Jungen zu schützen. Sie mussten so frisch geboren sein, dass sie noch nicht selbst weg konnten.

Doch wir zehrten auch von vielen lustigen Begegnungen mit Waldbewohnern. Auf einer Runde durch den Wald lernten wir einen kleinen vorwitzigen Rehbock kennen. Mit schräggehaltenem Kopf kam er hinter einem Holzstoss hervor gehüpft. Wir hielten an und sahen belustigt zu, wie der Rehbock mit seinen Hörnern uns zu beeindrucken versuchte. Als wir weiterritten, lief er neben uns her und hüpfte freudig mit uns mit. Ob Pferde, Hund, Kinder inklusive Kinderwagen oder erwachsene Personen, er liess sich durch nichts aus der Ruhe bringen. Beim nächsten Holzstoss, welcher am Wegrand aufgetürmt war, hüpfte er wieder hinten herum, um sich danach erneut vor uns in Pose stellen zu können. Wir trafen den Rehbock noch so manches Mal in diesem Waldgebiet und freuten uns schon im Vorfeld auf die witzige Begleitung. Ich vermutete, dass er von Hand aufgezogen worden war, denn normal war dieses Verhalten sicher nicht. Obwohl ich den Begriff «normal» auch für mich selbst lieber nicht zu definieren wage ...

Ab und an ritten wir auch an einen Fluss, um ein Bad zu geniessen. Oft in Begleitung von unserem Pony Timy. Später durfte ich mit dem Fahrrad hinterher radeln, um den jungen Damen – die Tochter und ihre Freundinnen übernahmen das Ruder – das Picknick an die Badestelle zu bringen.

Die beiden Pferde teilten mit uns viele gemeinsame, freudige Erlebnisse. Nur dem Thema Wasser, und dann noch hineinsteigen und womöglich den Boden unter den Hufen verlieren, konnte Timy definitiv nichts Freudiges abgewinnen. Timys Herz schlug höher, wenn er grünes Land und sicheren Boden zum Weiden betreten durfte.

Dort motzte dafür Amacord lauthals, wenn wir die beiden seines Ermessens nach zu lange im Grünen stehen liessen.

Aufbruch

Der Blick des Landwirts sprach Bände, als ich ihm mitteilte, wir hätten unser Traumbauernhaus gefunden, welches die Möglichkeit bot, den Stall pferdegerecht und mit Auslauf auszubauen. Das passte ihm jetzt überhaupt nicht in den Kram. Zugegeben, wegen ihm und seiner Familie hätten wir den Stall nicht wechseln müssen. Wir waren dort sehr gut aufgehoben. Er hatte sogar, nach anfänglichen Bedenken, seinen Stall wieder an einen Reiter zur Selbstversorgung zu vermieten, extrem Freude an uns, Amacord und natürlich auch an unserem Pony Timy.

Er habe ein Reiterleute-Trauma, versuchte er mir immer wieder zu erklären und weiszumachen. Irgendwann sagte er dann einmal, sein Reiterleute-Trauma sei jetzt dank uns geheilt! So verbrachten wir gemeinsam viele lustige und unterhaltsame Stunden.

Unsere Kinder und Tageskinder kamen auch immer gerne mit. Vor allem der jüngere Bub meiner Freundin Doris liebte die Tiere sehr und alles, was dazu gehörte. Ich staunte immer wieder, wie selbstsicher und vertraut er den Tieren begegnete. Auch unser Pony Timy, das einfach jeden versuchte über den Tisch oder eben ins Gras zu ziehen, liess sich anstandslos von der Weide holen und lief ohne Grashalmtestversuche neben diesem ansonsten so verträumten Jungen her.

Unsere gemeinsamen Ausritte waren stets unterhaltsam und die Jungs konnten sich auch unterwegs im Wald zusätzlich austoben. Warum Doris sich bis heute in der Form äussert, eigentlich kein Tierchenfreund zu sein, kann ich nicht richtig verstehen. Irgendwann müsste sie doch nur schon durch unsere Erzählungen in helle Begeisterung verfallen – oder in Angst und Schrecken? Erstaunlicherweise kommen alle Tiere immer gerne zu ihr und holen, von ihr gewollt oder ungewollt, Streicheleinheiten bei ihr ab.

Für meine Tierliebe hatte auch der Landwirt nicht immer Verständnis. Mäuserettungsaktionen gingen ihm als Bauer dann doch entschieden zu weit. Und doch stellte er sich, zwar kopfschüttelnd, aber helfend zur Verfügung, um bei einer Kanarienvogel-Rettungsaktion gezielt mitzuwirken. Wir rannten alle mit einem Fangnetz hinter dem Kanarienvogel her, während die Bauerskatze Max in der Garage eingeschlossen blieb, um uns nicht bei der Bergungsaktion in die Quere zu kommen. Max hätte uns den Vogel sicher lieber als gelungenen Sonntagsbraten vorgeführt. Aber eben, auch bei Bauerskatzen stehen heutzutage Sheba und Whiskas auf dem Speiseplan. Selbstversorgung ist da nicht mehr gefragt.

Die sogenannte Selbstversorgung übernahmen wir ja schon für die Pferde. Natürlich zog das auch wieder diverse Pflichten nach sich: Futter anschaffen und das Misten des Stalles mussten genau so sichergestellt werden, wie auch Zaunreparaturen und die Mithilfe bei der Heu- und Strohernte gehörten dazu. Beim Heuen hatten es die Frau vom Landwirt und ich immer lustig zusammen. Nur er selbst begegnete uns mit mürrischem Blick, wenn wir das Heu rechts statt links herum (oder doch umgekehrt?) zu Heumaden verarbeiteten.

An dem Tag, als ich ihm nun von unserem Umzug ins Bauernhaus erzählen wollte, fand ich beim Öffnen des Reiterkastens eine derart herzige Szene vor:

Viele grosse Äuglein in winzigen Körperchen sahen mir neugierig entgegen. So süss, ein Nest voll junger Mäuslein! Ein Reitmantel war angefressen und eine Decke diente als Nestunterlage. Sie waren trotz allem wirklich süss!

Gerade kam der Stallbesitzer um die Ecke und sah die Bescherung mit Bauersaugen an. «Sofort zu Tode schlagen!», rief er aus. «Diese Mistviecher richten nur Schaden an, sonst sind sie für nichts zu gebrauchen!», hyperte er weiter. Ich sah ihn ungläubig an. Unsere Abmachung war doch, meinen Stallteil mäusefallenfrei halten zu dürfen. Was in den übrigen Scheunen lief, musste ich logischerweise ganz klar ihm überlassen. Ich organisierte für ihn eine Truhe für seine offenen Acker-Samensäcke. Doch – und das musste auch ich zugeben – war dies ein Tropfen auf den heissen Stein. So versprach ich ihm, einen Behälter zu organisieren, um die Mäuse zur Aufzucht mit mir nehmen zu können. Doch er war in Rage. «Wirf sie doch auf den Miststock!», funkelte er mich erneut wütend an. «Aber Herr Stallchef, da draussen frieren sie sich den Arsch ab, so klein wie sie noch sind», konterte ich. Wutentbrannt stampfte er davon.

«Ach übrigens – eigentlich wollte ich dir noch sagen ...», rief ich hinterher. «Was?», kam die Antwort immer noch gereizt. «Wir haben den Zuschlag fürs Bauernhaus erhalten.» – Kurze Pause – «Nein! Du willst mir jetzt nicht sagen, dass ihr uns verlässt?» Seine Stimmung wendete sich um 180 Grad. «Wir haben es doch so schön miteinander, muss das jetzt wirklich sein?» Ich konnte es nicht unterlassen nachzufragen, was denn mit der Mäusegeschichte von soeben gewesen sei. «Ach lass mich mit deinen Sch...mäusen in Ruhe, das ist doch nicht der Rede wert. Was ist dann mit unseren Gesprächen, wenn du einfach weg bist? Den Pferden gefällt es doch hier und ...»

Der Abschied tat weh. Doch die neue Welt, die sich dafür auftat, war ein Stück Himmel für mich – endlich zu Hause!

Zuhause

Wädi sass schon neugierig am Fenster, als wir mit den Pferden zu Hause ankamen. Ihn hatten wir mit dem Hauskauf als Untermieter übernommen.

Seine aufmerksamen Augen strahlten fröhlich. Obwohl er schon gegen die Achtzig ging, mit seinen knapp 150 Kilos etwas zu kurz geraten war und sich nur noch beschwerlich an Stöcken fortbewegen konnte, war er im Herzen jung geblieben und genoss das viele Leben um sich herum.

Den gewaltigen Lärm während des Umbaus und die Strompannen, welche zwischendurch seinen geliebten Fernseher ausser Betrieb setzten, nahm er gelassen hin. So wartete er zufrieden im Dunkeln mit einem Kerzlein, bis sich wieder jemand um Licht kümmern konnte. Ihm entging keine Gefühlsregung und er wusste einfach alles. Er hatte wesentlich mehr Ahnung als ich, was gerade wo im Dorf vor sich ging, wer mit wem anbandelte und welche Neu- und Umbauten im Gange waren – und dass obwohl ich im Gegensatz zu ihm mobil und zu Fuss im Dorf unterwegs war.

Am liebsten war ihm, wenn die Kinder Schulferien hatten und mit möglichst viel Lärm und Energie durchs Haus wirbelten. Er war der perfekte Sitter und nahm auch kein Blatt vor den Mund, wenn er die Kinder unterstützen und mir in die Erziehung reinreden konnte. Wädi, die Jungs und der Fussballsport waren sich immer einig. Ich getraute mich kaum mehr, etwas gegen Fussball einzuwenden. Gemäss ihm war das der einzig wahre Sport und unsere Jungs lagen da bei ihm goldrichtig.

Auch der Hund genoss es, von ihm verwöhnt zu werden. Wir hatten öfters zügige Diskussionen, wenn es um die Futteraufnahme der Tiere ging. So sagte ich ihm einmal ziemlich aufgebracht, dass es nicht in meinem Sinn sei, wenn der Hund so aussehe wie er. Wädi sah mich verblüfft an: «Wie soll ich das jetzt verstehen? Ich bin fit – und der Hund auch!» Mit diesem Satz war das Thema beendet und unser Hund nahm immer mehr Wädis Formen an.

Egal, beide waren mit ihrem Essplan glücklich und auch die Kinder liebten seine Kochkünste heiss. «Du musst eben endlich richtiges Essen auf den Tisch stellen», belehrte mich Wädi. «Schau nur, wie gerne sie meine Arbeiterkoteletts essen!» Die Arbeiterkoteletts bestanden aus panierten Cervelats. Sowieso war seine Lieblingsspeise Cervelat. Zu seinen besten Zeiten hatte er jeweils zum «Znüni» einen ganzen Kranz davon alleine gefuttert.

Doch von seinem umfangreichen Wissen konnten nicht nur die Kinder profitieren. Ich glaube behaupten zu dürfen, dass eigentlich alle Menschen seinen lebendigen Erzählungen gerne lauschten. Vielleicht ausgenommen der Lehrer, welche Cordins geschriebene Aufsätze über Wädi und seine erzählten Kriegserlebnisse korrigieren mussten. Wädi war noch ein richtiges Dorforiginal.

Wir hatten eine ganz eigene Beziehung zu einander, uns verband doch der Draht zur geistigen Welt. Mit ihm konnte ich über Geistwesen diskutieren. Nach Begegnungen mit Seelen, welche bei uns vorbei kamen, verglichen wir jeweils am nächsten Morgen die Erscheinungszeiten und auch ihre Beweggründe, welche uns von den Seelen übermittelt wurden.

Eine Begegnung, die mich doch sehr aufgewühlt hatte, war sicherlich jene mit unserem Hausgeist. Er war eigentlich eine Sie und wir nannten sie später liebevoll Emma. Sie lebte vor unserer Zeit in unserem Haus. Wädi kannte sie noch aus ihrem irdischen Leben. Ich durfte sie mehrere Jahre nach ihrem Tod auf der Geistebene kennenlernen.

Als ihr Mann – im Irdischen hatte er nicht gerade den Ruf eines gütigen, liebenden Menschen – starb, erwartete ich eigentlich, dass er sich nochmals bei uns im Haus melden würde. Seine beiden Söhne waren schon verstorben und den Hausverkauf über die Erbengemeinschaft hatte er gar nicht mehr richtig mitbekommen. Schenkte man den Erzählungen Glauben, was für ein boshafter Mensch er gewesen sein soll, löste eine mögliche Seelenbegegnung mit ihm auch in mir ein mulmiges Gefühl aus.

Doch er ging für uns sang- und klanglos von dieser Welt. Wer kam, war seine schon länger verstorbene Frau – Emma. Sie kam mir vor, wie eine Verirrte, die den Weg ins Licht noch nicht gefunden hatte. Und als ihr Mann von der irdischen Bildfläche verschwand, fing sie an zu rebellieren und sich bei uns bemerkbar zu machen. In der Nacht stand sie vor Wädis Bett und wetterte über die Veränderungen im Haus. Was für eine Frechheit, ich hatte ihren Hühnerstall ausgelagert! Mir erschien sie zur gleichen Zeit und zeigte mir einen frisch gebohnerten Riemenboden, Berge von Hausarbeit, welche nach alter Schule erledigt wurde, und machte mir gestikulierend klar, dass ich hier nichts zu suchen hätte.

Mir war bewusst, im Zeitalter von Cyllit Bang konnte ich mit ihren Tätigkeiten – beispielsweise stundenlang auf den Knien fegen – nicht mithalten. Ich betete für sie und darum, dass ihr die Engel den Weg ins Licht zeigen mochten. Sie ging nicht.

Mein neuer Hühnerstall war ihr ein echt grosser Dorn im Auge. Mehrfach mussten wir miterleben, dass jede neue Wärmelampe einfach den «Geist» aufgab. Nach der dritten Lampe sagte man mir im Geschäft, dies sei der letzte Garantieaustausch, sie hätten noch nie eine solche Lampe ersetzen müssen und könnten sich nicht erklären, warum nur bei mir so etwas passiere. Zum Verständnis muss ich sagen, dass die erste Lampe tatsächlich bis zu diesem Zeitpunkt über Jahre ihren Dienst getan hatte.

So, jetzt musste also definitiv eine andere Lösung her. Ich sagte zu meinem Mann, dass ich einen Geisterläufer organisieren wolle. Seine Antwort: «Sonst geht es dir noch gut? Das kannst du mit deinen Fähigkeiten wohl noch selbst erledigen.» Doch ich hatte einen riesigen Respekt davor, zumal es sich hier um ein Geistwesen handelte, dem ich in sein vertrautes Zuhause eingedrungen war. Wädis Idee, sie mit dem Stock fortzujagen, fand ich nicht sehr berauschend. So raffte ich dann doch allen Mut zusammen und stellte mich der Aufgabe.

Ich wusste, es würde nur mit Liebe gehen und so zündete ich eine Rosenkerze an und wanderte mit Emma sprechend durchs Haus. Ich bedankte mich bei ihr für alles, was sie zu Lebzeiten für unser jetziges Zuhause getan hatte und erklärte ihr, warum wir welche Änderungen vorgenommen hatten. Mit der Zeit stieg eine ruhige, wohlwollende Kraft in mir auf. Eine tiefe Freundschaft verband uns nun. Anschliessend brachte ich die Kerze zu ihrer letzten Ruhestätte und bat sie, ins

Licht zu gehen und uns als Lichtwesen ab und an einen Besuch abzustatten. Gleichzeitig betete ich innig um Schutz und Begleitung für Emma auf ihrer Reise in ihr neues Zuhause. Es vergingen dann noch ein paar Tage, in denen ich ihre freundschaftliche Anwesenheit spürte, dann ging sie. Und so doof es auch klingen mag, sie fehlte uns schon fast ein wenig.

Die Gespräche mit Wädi brachten die erstaunlichsten Übereinstimmungen und halfen mir, das Vertrauen immer tiefer zu stärken und Wahrnehmungen auch zu begreifen. Doch Wädi wollte offiziell nicht darüber reden. Er hatte Bedenken, dass wir irgendwann gemeinsam von unserer Umwelt in die Irrenanstalt eingeliefert werden könnten.

Unsere Art, mit Geistwesen umzugehen oder sie fernzuhalten, war auch ganz unterschiedlicher Natur. So steckte er über den Türrahmen zwei sich kreuzende Messer. Ich befestigte über meinem ein gesegnetes Kreuz. Interessanterweise waren die Messer nie jemandem aufgefallen – ausser Wädi selbst. Er bemerkte sofort ihr Fehlen, als René sie beim Streichen des Raumes kurz aus dem Türrahmen entfernt hatte.

Auf unserem kleinen neuen Hof gab es neben den vielen Tieren auch neue Freundinnen für Amacord und Timy. Amacord liebte es, von den jungen, quirligen, lebensfrohen Weibis verwöhnt zu werden. Die schönsten Frisuren bekam zwar immer Timy, welcher von Natur aus eine Traummähne hatte. Doch Amacord blieb der Schönste, auch wenn ihm die Stirnfransen fehlten und seine Mähnenhaare, trotz viel Wunschdenken und intensiven Haarpackungen, nie die Länge eines Barbiepferdes erreichten.

Und da war natürlich Cyrill, unser Platzhirsch. Als einziger männlicher Reiter war er sich seiner Sonderstellung immer bewusst. Amacord und Cyrill hatten dasselbe Geburtsdatum – nur der Jahrgang war bei Weitem nicht derselbe. Obwohl Amacord nie so alt aussah und sich jederzeit problemlos dem Gockelkampf um die Weibis stellte, waren da halt doch diese unwiderruflichen Zahlen, welche sich nicht vom Papier wegwischen liessen.

Spongebob

Weihnachten stand vor der Tür. Nervös und gehetzt war ich dabei, das Weihnachtsessen zu organisieren, alle Zutaten zu überprüfen, restliche Einkäufe zu planen ... Als der Kater unseres Sohnes Reto, Spongebob, an mir vorbei tigerte und trocken, in meinen Schwall von Gedanken hinein, ein Einfaches «Ich bin der Nächste, der geht» setzte. Verdutzt sah ich ihn an und rief ihm fragend hinterher: «Sonst noch Ideen?» Dann widmete ich mich wieder den ach so geliebten Vorbereitungen. Die soeben eingeblendeten Worte verschwanden irgendwo im Nirwana.

Der Weihnachtsabend kam und mit ihm die Gäste. Inzwischen waren wir doch eine beachtliche Menge an Familienmitgliedern. Die Kinder halfen mit, wo sie nur konnten, und das Essen wurde doch noch zu einem gelungenen Festtagsschmaus. Natürlich nahm ich nicht wahr, wie Spongebob zu allen Personen hinging. Meine Mutter meinte später, sie hätte sich noch über seine Anhänglichkeit gewundert. Normalerweise genügte ihm die Wildheit seines Besitzers und er verkrümmelte sich lieber, wenn zu viele Leute anwesend waren.

Am zweiten Weihnachtstag ging die Aufregung dann los. Ein Kind kam und sagte, der Hund stehe vor dem Bett und lasse Spongebob, welcher darunter lag, nicht mehr aus den Augen. Spongebob sei verletzt. Als ich unters Bett sah, fauchte er mich böse an und zerkratzte mich. Nur sein Freund Reto durfte ihn hervor holen und wir konnten die Wunde ansehen.

Etwa zwei Jahre zuvor hatte er einen bösartigen Tumor gehabt, welcher operativ entfernt worden war. Wir wussten, dass er wieder wachsen könnte, was dann auch geschah. Doch dieses Mal war der Tumor aufgeplatzt. Eiter und Blut liefen aus der Wunde. So fuhren wir zum Tierarzt. Auf dem Röntgenbild wurde festgestellt, dass der Tumor inwendig sehr viel Platz einnahm. Es war aber nicht klar ersichtlich, ob er sogar mit den Rippen verwachsen war. Eine Operation schien aussichtslos. Möglicherweise einen Teil der Rippe entfernen zu müssen, kam auch von tierärztlicher Seite her nicht in Frage. Dann war da noch der Heilungsprozess, welcher von vielem Ruhigstellen abhing, was für diesen wilden, freiheitsliebenden Kater in einer Tortur enden würde.

Spongebob wusste immer, was er wollte und war eine richtige «Kamikatze». Er passte zu seinem Besitzer, der als kleiner Junge schon den Übernamen «Kamikaze» trug. Auch was die beiden schon an Unfällen zusammengebastelt hatten, war kaum zu überbieten. Spongebob rannte auch mehr als einmal in ein fahrendes Auto. Einmal kam er mit Prellungen und Schürfungen davon, ein andermal wurde er nach dem Aufprall weggeschleudert und war bewusstlos liegen geblieben. Nachdem er von einem Hund völlig unterkühlt aufgefunden worden war, verbrachte er eine Woche, unter anderem wegen Blutgerinsel im Kopf, im Tierspital.

Doch noch nicht genug: Einmal kam er stinkend wie eine geräucherte Wurst nach Hause, Blut tropfte unaufhörlich seinen Kiefer hinab. Der Kater war durch den Blutsverlust schon massiv geschwächt, als wir beim Tierarzt eintrafen. Dieser stellte damals, selbst total erstaunt, einen Durchschuss des Unterkiefers fest.

Ja und jetzt das. Der Tierarzt wollte, dass wir uns Bedenkzeit nahmen. Er sagte auch zu uns, dass das Einschläfern und Erlösen eines Tieres nur ein Kapitel einer traurigen Geschichte sei. Kindern durch diese Handlung ein geliebtes Tier wegzunehmen, sei ein anderes.

Zu Hause bat ich Edith, welche vollberuflich Tierkommunikatorin ist und viel schamanisch arbeitet, um eine Kommunikation mit Spongebob. Trotz dem, was Spongebob mir neulich mitgeteilt hatte, wollte ich eine Absicherung. Auch fühlte ich mich von der Situation echt kurz überfordert. «Oh», meinte sie, «dem Herrn ist sehr klar, was er will. Und an Mut und Wildheit scheint es ihm nicht zu mangeln.» Spongebob gab auch Edith durch, dass er jetzt gehen wollte. Die Kinder waren sich einig: «Leiden darf unser Spongebob nicht.» Edith bot uns an, ihn aus der Ferne schamanisch zu begleiten. So fuhren wir am nächsten Tag wieder zum Tierarzt. Spongebob war ruhig und hinterliess uns allen seinen zufriedenen Eindruck. Ich zündete eine Kerze an und bat die geistigen Helfer um Unterstützung, Schutz und Hilfe für alle Beteiligten. Nachdem sich Spongebob bei jedem von uns verabschiedet hatte, setzte der Tierarzt die erste Spritze. Spongebob schlief ruhig ein. Als ich ihn ansah, war ich irritiert, weil ich die Aura bereits nicht mehr am Körper wahrnahm. Dann setzte der Tierarzt die zweite Spritze und hörte die Herztöne ab. Genau in diesem Moment – 45 Sekunden lagen dazwischen – als ich das in Gedanken gesprochene Vaterunser beendet hatte, sagte auch der Tierarzt, jetzt hätte das Herz eines mutigen Kämpfers aufgehört zu schlagen.

Einen Tag später meldete ich mich bei Edith und wir verglichen die Zeiten – und, was mich sehr irritierte, ich sah bei Spongebob beim Hinübergehen in die geistige Welt nicht, wie sich seine Aura vom Körper ablöste. Nach dem Gespräch mit Edith gab meine Wahrnehmung Sinn. Sie sagte zu mir, dass Spongebob bereits nach der ersten Spritze aus dem Körper ausgetreten war. Er zeigte ihr von oben her das Bild, wie die zweite Spritze an seinen bereits unter sich gelassenen Körper gesetzt wurde. Dann reiste er von Edith begleitet auf seine Ebene weiter.

Ihr hinterliess er noch ein paar liebe Worte an uns und die Mitteilung, er wolle kremiert werden und in einer Pyramidenurne auf das weisse Teil über Retos Bett gestellt werden. «Stoooppp Edith», rief ich dazwischen, «wenn ich das meinem Mann erzähle, liefert der uns gemeinsam in die Irrenanstalt ein!» Trotzdem versuchte ich, René zumindest einen Teil der Unterhaltung weiterzugeben.

Wir waren gemeinsam mit dem Hund unterwegs, als René genug von meinem «Herumgemurkse» hatte und mir sagte: «Bring sie endlich auf den Punkt, deine verrückte Erzählung!» So sagte ich ihm, dass Spongebob kremiert werden wolle. Zu meinem Erstaunen fand er dies eine gute Idee. Den Kater mit dem offenen Tumor im Garten zu begraben, wäre auch nicht in seinem Sinn gewesen. «Aber», rief er mahnend dazwischen, «ein Mausoleum wird dann nicht eingerichtet!» Die Restinformation mit der Urne verschluckte ich also lieber und behielt sie für mich. Als ich mit Reto über das Kremieren sprechen wollte, sprudelte es ohne weitere Hintergrundinformation aus ihm heraus: «Jawohl, das machen wir. Und die Asche kommt in eine Urne. Sie soll auf meinem weissen Gestell stehen, ich werde gleich einen

Platz zwischen meiner Steinsammlung frei machen!»

Ich war sprachlos – und dankbar, konnte ich jetzt den zweiten Teil von Spongebobs Kommunikation getrost Reto überlassen.

Père

Ich stand mit meinem Vater in seinem geliebten Garten, als er plötzlich das Gesprächsthema wechselte und mit mir über Telepathie, Gott und die Welt zu reden begann. Ja, wir hatten auch schon früher solche Gespräche. Wobei wir uns manchmal darüber stritten, was nun der richtige Begriff für unser Dasein sei. Ich nannte es Gott, er sagte, es komme nicht auf die Benennung an, wichtig sei, dass es da war.

Ob wir von Gott, vom Licht, dem Universum oder einfach der höheren Macht sprechen, ist doch irrrelevant. Klar ist, dass eine höhere Kraft existiert. Wie sonst soll aus einem Keim, den du in die Erde steckst, eine ganze Pflanze wachsen? Da gehört mehr dazu, als nur Wasser geben. Und über Religionen zu streiten, das ist einem Verbrechen gleichzusetzen. Wie viele Kriege wurden schon geführt im Namen Gottes, im Namen Allahs, im Namen ... – die Folge davon war immer nur Schmerz, Verlust und Leid.

Ich musste eine gewisse Eigenreife erreichen, bis ich das verstand. Als Kind oder Jugendliche hatte ich einen riesigen Respekt davor. Für mich galten Gott und die Bibel als unantastbar. Heute taste ich Letzteres an, ja, ich will aus ihr und mit ihr lernen. Nur begriff ich irgendwann auch, dass die Bibel von Menschenhand geschrieben war. Und die fehlende Reinkarnationslehre, welche angeblich von einem König aus der Bibel entfernt worden war, liess bei mir etliche Fragen auftauchen und brachte mir persönlich Chaos.

Na ja, so standen wir nun da, ich und mein Vater, welcher auch viel mit mir mitmachen musste. Und das obwohl er selbst schon sehr viel erlebt und auch überlebt hatte. Von schwierigen Operationen zu rasanten Motorradfahrten, bei denen er dummerweise früher als geplant absteigen musste – der Schaden am Motorrad liess sich nicht verbergen – bis hin zu einem Absturz in den Bergen, als er beim Bergsteigen ungesichert die Kontrolle über sich selbst verlor und wie durch ein Wunder, mit vielen Blessuren und Schrammen übersät, in der Geröllhalde seine mit Turbulenzen durchzogene Flugstunde beendete.

Trotz allem sagte er mir in tiefgreifenden Momenten stets, seine schlimmste Erfahrung habe er mit mir erleben müssen. Damals, mit etwa 3 ½ Jahren, erlitt ich aus heiterem Himmel einen Atemstillstand. Für mich war es ein Einschlafen auf einer wunderschönen Blumenwiese. Anschliessend fand ich mich im Lichttunnel wieder. Diese Bilder, Farben und Wesen, welche mich zu diesem Zeitpunkt umgaben, waren unbeschreiblich eindrücklich und fantastisch schön. Für meine Eltern sah es natürlich wesentlich anders aus. Durch das beherzte schnelle Handeln meiner Eltern konnte ich reanimiert werden. Auch die rasante Talfahrt ins unweit gelegene Spital ermöglichte mir ein schadenfreies Überleben.

Meine ohnehin schon offenen Sinne hatten sich jedoch durch dieses Erlebnis höchstens noch verstärkt. Damit hielt ich vor allem auch meinen Vater auf Trab. Mit meinen Erzählungen und Ängsten wegen Geistwesen, welche bei mir im Zimmer standen, bis dahin, dass er in der Nacht das Haus absuchen musste, weil ich Schritte auf der Treppe gehört hatte.

Er war es auch, der mich aufforderte, mit den Geistwesen zu sprechen. So sagte er mir einmal: «Wenn die alte, schon länger verstorbene ehemalige Hausbesitzerin wieder bei dir auftaucht, dann nimm doch du das Gespräch selbst in die Hand. Sprich sie an und frag einfach: ‹Hallo Clärli, wie geht es dir, Clärli?›» Zu diesem Zeitpunkt schnürte es mir in solchen Situationen noch die Luft ab und ich schrie innerlich vor lauter Angst, ohne einen Ton über die Lippen zu bringen.

Noch schlimmer war, wenn ich mitten in der Nacht aufschreckte, weil ich von leuchtenden Augen angestarrt wurde oder fliegende dunkle Fetzen, eine Art von Spinnennetzen, durchs Zimmer auf mich zu flogen und meine Grenzen der versuchten, kontrollierten Beherrschung aufs Äusserste strapazierten. Ein Wechselbad der Gefühle überkam mich jeweils – zwischen Kampfgeist und Panik. Es wurde mir mehr und mehr bewusst, dass ich selbst lernen musste, damit umzugehen. Ich konnte meine nächtlichen Erlebnisse mit niemandem richtig teilen. Das Verrückte daran war: Alleine unterwegs im Dunkeln des Waldes zu sein, stellte für mich kein Problem dar. Alleine in einem Raum übernachten zu müssen, war für mich hingegen mit einem Horrortrip vergleichbar.

Ärztliche Abklärungen ergaben, die Gründe, warum ich von solchen Fantasien verfolgt werde, seien, dass ich sicher überfordert, überarbeitet oder überreizt sei. Am besten wäre es, wenn ich die verrückten und belastenden Fernsehfilme weglassen würde. Haha, ich schaute als Kind nicht und brauche ihn auch heute noch nicht – den bösen Fernseher.

Dann sagte mir mein Vater in seinem Heimatdialekt die Worte, die ich bis heute deutlich in mir höre: «I woars, dass es vül mea gibt zwischn Himml und Erd. I kon dos so steh lossen, aba du host imma noch dem Warum gfrogt, suach weita - und bleib dron - auf deinem Weg.» (Übersetzt: «Ich weiss, dass es viel mehr zwischen Himmel und Erde gibt. Ich kann das so stehen lassen. Aber du hast immer nach dem Warum gefragt. Suche weiter und – bleib dran – auf deinem Weg.»)

Kurze Zeit später fingen bei mir die wirren Wachträume an. Ich sah immer Engel, welche sich im Kreis drehend nach oben fortbewegten. Jemand war in ihrer Mitte. Ich spürte, es war eine Person aus der Familie, die in der ersten direkten Linie zu mir stand. Ich wollte nicht hinsehen, ich wollte nicht wissen, wer es war. Der Schreck und die Angst vor einem Verlust übermannten mich. Dann fing ich total verzweifelt an, mit der roten Farbe zu erden. Ich versuchte, die Person in der Mitte auf den Boden zurückzuholen und musste merken, dass ich weder mit Rot, noch mit Kraft, Wollen, Flehen, Bitten und Beten eine Chance bekam, die Füsse der Person mit dem Boden zu verankern. Nach mehreren Nächten Kampf sackte ich kaputt zusammen. Ich konnte nur noch beten: «Meine lieben Engel und alle Geisthelfer und Helfeshelfer, lieber Gott bitte hilf uns, dass wir in dieser schwierigen Zeit gestützt und getragen werden.» Dann sah ich riesige, grosse, weisse Engelsflügel, welche sich einfach über uns breiteten und es wurde ruhiger.

Meine nächtlichen Kämpfe sah man mir an. Ich hatte das Gefühl, nur noch aus Bauchkrämpfen zu bestehen. Ich fühlte mich ausgelaugt, fahl und matt.

Nach einem Besuch bei meinen Eltern – ich stand bereits vor der Eingangstür und wollte die Treppe meines Elternhauses hinunter gehen – hörte ich meinen Vater hinter mir. So drehte ich mich nochmals zu ihm um und schaute in seine dunkelbraunen Augen. Er sah mich mit ernstem Blick an und sagte mir zum Abschied: «Du musst auf dich schau'n, dich braucht's hia unt'n noch.» (Übersetzt: «Du musst auf dich schauen, dich braucht es hier unten noch.»)

So rief ich in dieser Zeit auch meine Kinesiologin an und bat sie, mir zu helfen, dass ich meine innere Mitte und etwas Ruhe wiederfinden würde. Sie bot mir einen Termin am Freitag an. Ich antwortete: «Am Freitag ist es zu spät!»

An diesem sonnigen Mittwochnachmittag, es war warm, der Himmel war blau und klar, klingelte das Telefon. Die Nachbarin meiner Eltern war am Apparat. Mit belegter Stimme teilte sie mir mit, die Ambulanz sei da, um meinen Vater zu reanimieren. Rennend und betend kam ich zu meinem Auto, setzte mich hinein und fuhr los.

Gerade hatte ich die Anhöhe hinter mir und war auf dem Abwärtsweg, als ich einfach das starke Bedürfnis hatte, von der Strasse abzufahren, auf einen Feldweg einzubiegen und anzuhalten. Den Motor abgestellt, hielt ich kurz nur für mich inne.

Diese Momentaufnahme, die jetzt folgte, ging durch mich durch. Es war ein kurzer Schock, dann kam das Licht, viel Licht und freie Gefühle umgaben mich. Danach wurde ich ruhig, einfach nur ruhig.

Gefasst rief ich Iris meine Brautführerin an und erzählte knapp von der Reanimation. «Bitte zünde eine

Kerze für meinen Père im Kloster Einsiedeln an», bat ich sie. Iris rannte los. Sie war aufgelöst und hoffte auf einen guten Ausgang. Sie ist ein grosser Fan von meinem Vater und hatte mich immer um ihn beneidet.

In meinem Heimathaus angekommen, lehnte die Frau des Arztes am Mäuerchen der Hausauffahrt. Sie kam auf mich zu mit den Worten: «Du musst jetzt tapfer sein – dein Vater ...», ich unterbrach sie und sagte ihr, ich wisse es schon. Irritiert sah sie mir nach, wie ich hinter dem Haus verschwand. Mein Vater lag in der Wiese in seinem geliebten Garten am Waldrand. Die Reanimation wurde erfolglos beendet. Meiner Mutter sagte ich aus tiefstem Herzen: «Ich bin dankbar, dass es mein Vater ist, und nicht eines meiner Kinder.» Sie schaute mich an und sagte ruhig: «Ja, das hätte Opa auch nicht überlebt.»

So wie schon öfters wurde ich auch diesmal ruhig. Es war vorbei. Ich war dankbar, dass wir unseren Vater noch zu Hause behalten konnten. So durfte die Seele sich in ihrer gewohnten Umgebung Zeit lassen beim Hinüberwechseln und die Beteiligten konnten die Realität bewusster wahrnehmen.

Mein Vater zeigte im Leben immer wieder Interesse am Schamanismus. Für mich betrachte ich den Schamanismus als interessantes Nebengebiet. Um seinen Wünschen zu entsprechen, erklärte ich mich dazu bereit, die Beisetzung im engsten Familienrahmen schamanisch zu gestalten. Sein Bruder und Verwandte aus seinem Heimatland waren auch dabei. Ohne jegliche Ahnung, wie ich das anpacken sollte, und auch im Wissen, dass in meiner Familie die Mehrheit der Personen bessere Redner waren als ich, ging ich ins Paradiesgärtli. Dort setzte ich mich auf einen Baumstamm und liess – ganz einfach

– die Worte aufs Papier fliessen. Ganz im Sinn meines Vaters gestalteten wir die schamanische Beisetzung wie auch die kirchliche Abdankungsfeier mit anschliessendem Leichenschmaus. Am Tag der Beerdigung, gegen Mitternacht, ging die Seele meines Vaters definitiv ins Licht. Aus irdischer Sicht war es schwierig zu verstehen, warum der Zeitpunkt schon jetzt gekommen war. Doch wann ist der richtige Zeitpunkt? Ich kann jetzt sagen, mein Vater konnte nur 66 Jahre alt werden. Er war ein lebensfroher Mensch, welcher keine Gefahr scheute und auch keine Gefahr ausliess. Doch kann ich auch sagen, er durfte 66 Jahre leben – er hat aus ganzem Herzen und richtig lebendig sein Leben gelebt!

Die Zeit, die dann folgte, möchte ich lieber im Nirwana verschwinden lassen. In meiner Umgebung und im Freundeskreis wurde ich konfrontiert mit Arbeitsstellenverlusten, Depressionen, Selbstmordversuchen, Burnout, Beziehungsproblemen, Unfällen, Krankheiten und vielen negativen, ausweglos scheinenden Aufgaben.

Einmal reiste ich bewusst in die geistigen Ebenen, weil ich Antworten wollte. Ich war so im Dilemma, dass ich tatsächlich fordernd, und nicht bittend, an einem mir bekannten Ort in den geistigen Ebenen ankam. Dort wurde ich nur angelacht. Für das hatte ich in meiner Situation nun wirklich kein Verständnis. Ich fühlte mich im Stich gelassen. Mir war es um alles andere als zum Lachen zumute. Interessanterweise liessen sich die Bewohner der geistigen Ebenen nicht von mir beeindrucken. Ein mir wohlbekanntes Geistwesen, welches sonst immer mit viel Einfühlungsvermögen zu mir kam, nahm mich freudig an der Hand und zeigte mir einen meiner eigenen Lernprozesse. Dann sah ich, wie der

Wald sich lichtete und am Ende des Weges Fröhlichkeit und Leichtigkeit aufkamen, um dem inneren Druck Paroli zu bieten.

Als ich wieder nicht weiter kam, reiste ich antwortsuchend hinüber mit dem Ziel, meinen Vater dort anzutreffen. Stattdessen kam ein anderes Geistwesen auf mich zu. Ich fragte nach meinem Vater und bekam als Antwort, er sei auf der Ankunftsebene.

Es interessierte mich nicht, wen er empfangen wollte, mir wäre es lieber gewesen, er wäre für mich da gewesen. Ein Tag später lag unser selbstgezogener Hahn tot im Hühnerstall. Ich dachte mir, nur wegen des Hahns hätte sich mein Vater wohl kaum auf der Ankunftsebene aufgehalten.

Kurze Zeit später erzählte mir meine Mutter, dass eine Freundin meiner Eltern unverhofft verstorben war. Jetzt wurde ich natürlich neugierig und ich fing an, Fragen zu stellen, wann denn das genau gewesen sei ... Meine Mutter wurde skeptisch: «Warum willst du das so genau wissen?» Ich murkste herum, erzählte ihr dann aber doch, dass mein Vater auf der Ankunftsebene gewesen war. Ihr Blick sprach Bände. «Ankunftsebene – du spinnst doch!», war ihre fürsorgliche Antwort.

Naja, ich stand immer noch wie festgefahren in meinen Sorgen und fühlte mich elend alleine gelassen. Ich durfte lernen, dass es im Leben Zeiten gab, in denen auch ich ganz tief untendurch musste, um auf mich alleine gestellt den Seelenplan zu erfüllen und somit auch meinem eigenen Weiterentwicklungsziel einen Schritt näher zu kommen.

Auf einer weiteren Reise in die geistigen Ebenen traf ich tatsächlich meinen Vater. Er gab mir mit auf den Weg, dass er hinter meinen Entscheidungen stehen werde, es aber an der Zeit sei, meine Entscheidungen zu fällen. Daraufhin gingen die Turbulenzen so richtig los.

Es krachte und donnerte. Mir blieb kaum Zeit zum Atmen. Und doch, als ich durch diese verrückte, tiefgreifende, emotionale und ausweglos scheinende Zeit durch war, durfte ich das Licht und die Fröhlichkeit sehen und erleben – und all dies bestimmt wesentlich tiefer geniessen, als ich es ohne das Erlebte je hätte tun können.

Verflossene Zeit

Auf den 90. Geburtstag von Sonj – seit ich denken kann, gehörte sie einfach zu unserer Familie – kam mir die Idee, der Jubilarin einen Schutzstein in Kreuzform zu schenken. Ich wusste, dass sie seit längerer Zeit von einem erdgebundenen männlichen Wesen begleitet wurde, ja, dieser haftete sich regelrecht an Sonj und flösste ihr durch seine Anwesenheit und die Beanspruchung ihrer Person immer wieder Angst ein. Sie war medial veranlagt und konnte dadurch auch problemlos dieses Wesen wahrnehmen und hören.

Am Tag erzählte sie uns die schrecklichsten Verfolgungsgeschichten, welche ihr von diesem Wesen eingegeben wurden. Doch keiner schenkte ihr Gehör. In der Nacht kam der Sänger – wie sie dieses Wesen nannte – und trällerte ihr irgendwelche Heimatlieder vor. An Schlaf war nicht zu denken! So litt sie still vor sich hin. Viele kamen zum Schluss, sie habe nicht mehr alle Tassen im Schrank und ihre Fantasien seien ganz klar ihrem hohen Alter zuzuschreiben. Ich fühlte mit ihr und konnte offen mit ihr über die Thematik der erdgebundenen Seelen reden. So versuchte ich, ihr zu helfen. Wir sassen alle an der Geburtstagstafel, als ich ihr den Stein überreichte. Leise sagte sie zu mir: «Du bist die Einzige, die mich in dieser elenden Situation versteht.» Dann fing sie an zu weinen. Und prompt ging um uns das Wirrwarr los. Was ich getan hätte, dass sie wegen mir weinen müsse, wurde ich angefaucht.

Na ja, immerhin wussten wir beide, was der Realität entsprach. Andere Menschen hatten andere Thematiken, die ihren Lebensweg bereichern. Ich war froh, jemanden wie sie in meinem Umfeld zu haben. Mit ihr konnte ich meine Anliegen teilen. So manches Mal durfte ich von ihrem enormen Wissen profitieren. Auch möchte ich unsere Ausflüge ins Kloster Einsiedeln und die damit verbundenen skeptischen, vielleicht sogar provokativen Fragen und unsere tiefgreifenden – oder abgehobenen? – Gespräche nicht missen.

Ich durfte vieles lernen. Oft wurde ich geprüft und musste den Schritt zurück machen, um nachzuschauen, mich selbst zu überprüfen, immer wieder Vertrauen, Zuversicht und Licht ins Dunkle einfliessen zu lassen. Ich fühlte mich wie auf einer Drehscheibe. Und wieder ging es um das Loslassen, Vertrauen und Demut. Der Draht zur geistigen Welt gewann immer mehr an Kraft.

Und alle Jahre wieder feierten wir den Geburtstag der Geburtstage, des Pferdes der Pferde: Amacord! Inzwischen war er 30 Jahre jung! Frisch! Munter! Bereit zu neuen Taten!

Dieser spezielle Anlass musste natürlich gebührend gefeiert werden.

Beim Zusammentragen der alten Adressdaten – wir wollten doch unsere «uralten» Reiterfreunde und natürlich auch Amacords geliebte Reiterweibis dazu einladen – fiel mir ein altes Brieflein in die Hände, geschrieben von einer Reiterin, welche zum damaligen Zeitpunkt selbst ein Pferd von über 30 Jahren hatte.

Datiert mit dem 6. Januar 1995 stand da geschrieben: *«2 ¼ Stunden Ritt mit Amacord. Der Abschied fällt mir nicht leicht. Ich mochte ihn sehr gern. Ich mochte seine Ehrlichkeit, sein Temperament und seinen Mut. Trag Sorge zu ihm, Reni, er verdient es wirklich. Mein ehemaliger*

Reitlehrer pflegte zu sagen: Sorge dafür, dass dein Pferd glücklich ist, dann hast du nicht nur ein gutes Pferd, sondern auch einen guten Freund. Solltest du, Reni, in Zukunft einmal meine Hilfe oder meinen Rat brauchen, so stehe ich dir und Amacord immer zur Verfügung. Danke, dass ich ihn reiten durfte.»

Ich hielt in den Vorbereitungen inne. Wow, es war einfach unglaublich, wie die Zeit vergangen war.

Jetzt wurde Amacord schon 30 Jahre alt. Ein happiges Stück Wehmut überkam mich. Wurde ich ihm in all den vielen vergangenen Jahren auch wirklich gerecht? War er mit mir auch so zufrieden wie ich mit ihm? Ich hoffte, dass er mindestens genau so glücklich war, wie er mich in all den Jahren glücklich gemacht hatte.

Alles Gute zum Geburtstag, lieber Amacord! Mit freundlich blitzenden Augen präsentierte er sich stolz und wartete auf unsere alljährlichen Glückwünsche. Auch das «Happy Birthday», in allen Sprachen gesungen, war ganz nach seinem Geschmack.

Amacord erhielt lange Briefe, wunderschöne Karten und Zeichnungen, riesige Körbe, gefüllt mit Pferdeläckerli und Rüebli, und vom Hufschmied einen Satz neue Hufeisen. Und – wie alle Jahre – eine Flasche Champagner. Dieser durfte einfach nicht fehlen. Dieses Jahr kaufte ich für Amacord einen richtig feinen, edlen Tropfen. Ja, der Champagner war tatsächlich auch für Amacord bestimmt. Er liebte ihn und schlürfte ihn immer mit uns mit. So feierten wir bis spät am Abend, unterhielten uns, lachten über längst vergangene Zeiten und blickten zuversichtlich der weiteren Zukunft mit Amacord entgegen.

An diesen Pfingsten begaben wir uns wieder einmal auf einen Wanderritt. Diesmal wurden wir, wie schon so oft, begleitet von unserem Timy sowie zwei Kollegen unserer Kinder, unserer Tochter, unserem Jüngsten und natürlich war auch unsere Hündin dabei. Es war Erholung, Genuss und ein freudiges Erleben unserer gemeinsamen Zeit zugleich. Auch Amacord war sehr zufrieden.

Seine Augen blitzten fröhlich, aufmerksam und voller Tatendrang. Dieses Mal ritten die Kinder und ich trug den Rucksack. Unterwegs übten wir wieder einmal «gemeinsame Anweisungen» an Pferd und Hund. Amacord und Sangria, unsere junge Hündin, hielten auf «Ho» an. Dann liefen wir weg und ich rief sie aus einiger Entfernung wieder zu uns. Rief ich nur Amacord zu mir, blieb die Hündin winselnd am Platz, bis sie auch gerufen wurde. Aber wehe ich rief zuerst die Hündin zu uns. Mich mit einem bitterbösen, verächtlichen Blick strafend drehte sich Amacord daraufhin um, zeigte uns nur noch sein Hinterteil und steckte den Kopf ins Gras. Wenn ich jetzt noch etwas von ihm wollte, musste ich schon zu ihm hingehen und mich zumindest für diese Ungepflogenheit entschuldigen. Ein gemeinsames Picknick und ein paar feine Läckerli stimmten auch Amacord wieder freundlich. Unsere erste Tagesetappe endete im Garten einer meiner Brüder. Dort schlugen wir für die Nacht unsere Zelte auf und bastelten einen Notzaun für die Pferde.

Der Kollege unseres Jüngsten stand an diesem Abend bei den Pferden und fütterte sie mit Läckerli. Ich hörte schmunzelnd, wie er zu Amacord sagte: «Weisst du, Amacord, mir tut der Hintern soooo weh vom Sitzen im Sattel. Aber morgen, morgen werde ich trotzdem wieder mit dir weiter reiten.»

Unterwegs kamen wir noch an einem Stall von alten Freunden vorbei, welche Amacord schon kannten, als er noch als junger Schnösel in St. Moritz auf dem gefrorenen See das Galopprennen gewann. Wen wir auch trafen, niemand nahm Amacord sein Alter von inzwischen über 30 Pferdejahren ab.

Wir genossen unseren Wanderritt so, als wäre es unser erster Pfingstritt gewesen.

Der Weg zum Abschied von Amacord

Wie alles begann – oder wie ein Abschied bis aufs kleinste Detail vorbereitet wird:

Wir schreiben den November 2012.

Freitag, 2.11.2012:

«Reni, bist du beim Arzt?»

«Ja, René wird kommen, ich muss ins Spital. Der Arzt findet den Grund nicht, sieht aber klar die Entzündung und sagt, es könnte so etwas wie eine Blutvergiftung sein. Könntest du Amacord pendeln?»

«Amacord geht es gut. Was soll ich fragen? Er ist aber bei dir.»

3.11.2012:

«Hoi Reni, ich hoffe, es geht dir besser!»

4.11.2012:

«Reni, alles i.O.?»

5.11.2012:

«War beim Arzt. Entzündungswerte massiv gestiegen. Muss zum Kardiologen Spital Bülach für Herz-Ultraschall etc. Sollte kein Ponstan mehr nehmen wegen Verfälschung. Werde jetzt jemanden organisieren, der mich ins Spital bringt. Ponstan lässt nach. Kann so nicht mehr fahren.»

«Reni, habe deine SMS erst jetzt gesehen, ich zünde eine Kerze an, trage dir Sorge!» – Das war die Unterhaltung per SMS zwischen Iris und mir.

Vor ein paar Tagen fingen die, zu diesem Zeitpunkt, noch unerklärlichen Schmerzen an. Mir fehlte Energie, dann bekam ich Schmerzen in der Nierengegend. Zwischendurch ein kurzes Brennen wie bei einer Blasenentzündung. Dann immer wieder ein Stechen in den unterschiedlichsten Regionen.

Donnerstag, 1.11.2012

Es war mir so eiskalt, dass ich mich nicht aufwärmte, während ich mit Iris gemütlich im Kaffeehaus sass, obwohl ich die Fliesjacke sogar zugezogen und mich mit dickem Schal umwickelt hatte. Am liebsten hätte ich noch eine Mütze übergezogen. Den Mantel legte ich nur nieder, weil mir dies einfach der Anstand gebot.

Am Abend legte ich mich mit Schüttelfrost ins Bett. Ich konnte nicht einmal mehr runter ins Erdgeschoss laufen, um mir etwas zu holen. Reto stand plötzlich da. Er brachte mir Schmerzmittel, welches ich FREIWILLIG einnahm.

Als René endlich nach Hause kam, zeigte sein Gesichtsausdruck nicht gerade Begeisterung. Immerhin konnte ich wenigstens einmal damit prahlen: «ICH HABE Schmerzmittel GENOMMEN.»

Freitag, 2.11.2012

Am Morgen war ich noch immer sehr schwach auf den Beinen. Ich fühlte mich einfach nicht richtig im Körper. Renés besorgte Vorwürfe und Zurechtweisungen, wie ich mich eben zu verhalten hätte, damit es mir besser ginge, zogen an mir vorbei.

Gegen Mittag kamen die Lebensgeister allmählich zurück. Vorsichtig versuchte ich zu duschen. Als ich den

Test ohne Situationsverschlechterung bestanden hatte, versuchte ich es mit dem Haarwaschen. Als auch das erstaunlich gut ging, fuhr ich mein Auto zur Tankstelle und danach zu einer Bekannten, um die Autos zu tauschen.

So, jetzt fühlte ich mich doch stark genug, um Léonies Termin in Zürich wahrzunehmen. Also fuhren Léonie und ich um halb zwei Uhr von zu Hause los. In Zürich angekommen, gingen wir ins Café. Wir hatten genügend Zeit. Ich fühlte mich ruhig und gelassen. Gegen halb fünf Uhr machten wir uns wieder auf den Nachhauseweg. Während wir zum Auto gingen, musste ich urplötzlich mein Tempo auf fast null verlangsamen. Mein ganzer Körper schien sich nur noch in Zeitlupentempo vorwärts zu bewegen. Léonie rief plötzlich: «Mami, wo bist du???» Wir hielten einen Moment inne, ich fing an, mich aufs Atmen zu konzentrieren. Plötzlich merkte ich, wie die Lebensgeister sich wenigstens zu einem akzeptablen Niveau regulierten. Wir gingen weiter zum Auto. Neben mir Léonie, durchgehend fragend: «Mami gehts? Mami, bist du sicher, dass wir es so bis nach Hause schaffen? Mami ...»

Wir stiegen ein. Ruhig lenkte ich das Auto aus dem Parkplatz auf die Strasse. Plötzlich hatte ich ein eigenartiges Gefühl in der Brustgegend und das Bedürfnis, die Atmung einfach einzustellen. Ich hatte einfach keine Lust mehr, weiterzuatmen. Da hörte ich in meinem Innern: «Iischnuufä, usschnufä, iischnufä, usschnufä ...» (Übersetzt: «Einatmen, ausatmen, ...») Wir waren bereits Richtung Oerlikon unterwegs, als ich spürte, wie mein Vater mich am Arm nahm und mir durchgab: «Jetzt sofort zum Arzt und ins Spital zu fahren!»

Mit der Durchsage «Arzt» konnte ich ja noch etwas anfangen. Aber was sollte ich im Spital? Wir riefen zuerst René an, um ihm mitzuteilen, dass ich den Arzt brauchte. Seine Reaktion war wahrscheinlich für jeden normal tickenden Menschen nachvollziehbar. Nur, ehrlich gesagt, liess mich die Standpauke kalt. Ich wusste, dass das nichts mit mir zu tun hatte.

Mein Hausarzt war nicht da und ich musste zu seiner Stellvertretung fahren. Dort angekommen, zog ich den Schlüssel aus dem Schloss und stieg aus. In diesem Moment verschlechterte sich mein Zustand massiv. Der Arzt fing an, mich zu untersuchen, mit dem Erfolg, dass er zwar Entzündungszeichen und hohes Fieber feststellen konnte, aber keine Diagnose gab. Stattdessen meinte der Arzt: «Sie müssen ins Spital!»

René war nicht bewusst, wie mein Zustand tatsächlich war. Er kam nicht gerade hocherfreut, denn er musste deswegen von einem wichtigen Anlass weg. Ehrlich gesagt, schien er ziemlich verärgert über mein vermeintlich fehlbares- und raubbaubetreibendes Verhalten zu sein.

Im Spital angekommen, hatte ich bereits 39,5 Grad Fieber. Sie legten sofort eine Infusion und fingen an, Blutampulle um Blutampulle zu füllen. René meldete sich in der Zeit telefonisch bei den Kindern. Ich bat ihn, den Kindern mitzuteilen, sie sollten sofort nachsehen, wie es Amacord ginge. Der Arzt erschien.

Das Testergebnis: «Wir bekommen keinen klaren Befund. Alles, was wir sagen können, ist, dass Sie beim Abklopfen in der Nierengegend mit starken Schmerzen reagieren. Sie haben ein Herzgeräusch, welches dort nicht hingehört und es ist klar, etwas muss sein, die

Entzündung ist da – aber woher kommt sie?»

So schickten sie uns wieder nach Hause, vollbepackt mit dem Medikament Ponstan – dem Entzündungshemmer schlechthin.

Samstag, 3.11.2012:

Mir ging es immer elender. Ich bemühte mich weiterhin im «iischnuufä, usschnuufä, iischnufä, usschnufä». Mir war bewusst, dass ich ohne Konzentration aus dem Körper verreisen würde – was in gesundem Zustand auch kein Problem darstellte. Aber in meiner jetzigen Verfassung war ich mir nicht sicher, ob ich wieder in den Körper hätte eintreten können ...

Sonntag, 4.11.2012:

Körperlich wurde ich, trotz dieser Hammerladung an Ponstan, immer schwächer. Ich schaffte es nicht einmal mehr bis vor die Tür zu Amacord. Immer wieder sagte ich zu den Kindern, der Stall müsse unbedingt ausgemistet werden, das sehe sicher schon ganz schlimm aus. Niemand reagierte. Trotz allem versagten einfach alle. Der Mistanhänger war gefüllt. René musste so viel arbeiten und hatte bis spätabends Sitzungen, dass er auch nicht dazu kam, den Anhänger zu entleeren. Die Reitermädchen, welche sonst wirklich immer einen perfekten Job leisteten, schienen die Mistgabel auch nicht zu finden. Und ich hatte die Kraft dafür schlichtweg einfach nicht mehr und spürte, wie die Entzündung statt weniger, immer mehr wurde. Den Schüttelfrost und die Fieberschübe hatte ich nicht mehr unter Kontrolle. Entweder hatte ich das Gefühl zu erfrieren, oder ich war pitschnass. Etwas zwischendurch gab es nicht mehr.

Montag, 5.11.2012:

Freiwillig meldete ich mich bei meinem Hausarzt. Zu meinem Glück war er wieder da. Als Erstes wurde, wie könnte es auch anders sein, Blut abgezapft. Die Entzündungswerte hatten sich, trotz Ponstan, verdreifacht! Mein Arzt nahm ebenfalls das Herzgeräusch wahr und ordnete sofort einen Herzultraschall im Spital Bülach an.

René fuhr mich hin. Seine Stimmung kippte in diesen Tagen von Ärger auf grosse Besorgnis. Die Prozedur im Spital war mir ja schon bestens bekannt: Infusion legen, Blut abzapfen ... Bevor der Stich kam, stürmte eine Krankenschwester ins Zimmer und sagte zu der Frau, die mich behandelte: «Lass mich das machen. Übernimm du bitte meinen Patienten.» Von diesem Moment an wusste ich, dass wir jetzt von der geistigen Welt begleitet und getragen wurden. Ich sah auf das Namensschild und da stand ein Name, der mir nur allzu gut bekannt war aus der geistigen Welt. Somit war das erste Puzzleteil gelegt.

Blutabzapfen. Nach ein paar erfolglosen Übungsversuchen entschuldigte sie sich bei mir und meinte, wir müssten nochmals stechen. Das Blut rinne nicht. So könne sie die Ampullen unmöglich füllen. Geistesgegenwärtig sagte ich: «Nein, bitte geben Sie mir eine Chance. Ich benötige einfach ein paar Sekunden.» Dann tauchte ich ab, verband mich in die geistige Ebene und tatsächlich waren die erwarteten Helfer da. Als ich auftauchte, sah ich gerade noch, wie die Schwester mit einer der Ampullen rüber an den Tisch trat. Ich sah sie fragend an. Wie selbstverständlich erklärte sie mir, das Blut hätte doch plötzlich begonnen zu fliessen. Das Abgezapte reichte für die weiteren Untersuchungen. Dann wurde ich im Bett zum Herzultraschall geschoben. Der Radiologe und ich waren «auf Anhieb» Freunde. Seine erste Frage war: «Warum kommen Sie nicht zu Fuss?» Ich fragte mich, ob er darauf wirklich eine Antwort erwartete? Auf seine zweite Frage erwartete er keine Antwort, sondern ging direkt zur dritten Frage über. Ich verstummte.

Mein Interesse an einer Unterhaltung hatte bereits den Unternullpunkt erreicht. Doch siehe da, plötzlich schien er mich wahrzunehmen. Seine vierte Frage: «Was ist Ihr grösstes Problem an Ihrer momentanen Krankheitssituation?» Mein Kampfgeist kehrte blitzartig zurück. Statt in blumigen Worten zu umschreiben, konfrontierte ich ihn mit einer Antwort, die ihn definitiv aus der Bahn warf. Kampflustig sagte ich: «Meine momentan grösste Herausforderung ist, mich darauf zu konzentrieren, dass ich nicht einfach die Atmung einstelle und aus meinem Körper austrete.» – Sein Gesichtsausdruck entschädigte mich gleich mehrfach! Er suchte nach Worten und erklärte mir dann allen Ernstes, das gehe gar nicht. So schnell könne ich nicht einfach verschwinden! Ich konterte ihm dann freundlich aber genau so ernsthaft: «Oh doch, und zwar schneller als sie denken können.»

Mit seinem Blick strafte er mich als Hypochonder. Dann sprach er schon wieder leicht gehässig: «So krank sind Sie nun auch wieder nicht, wenn ich Ihr Herz so sehe.» Ich gab ihm zur Antwort: «Hoffentlich auch nicht, weil da oben wollen sie mich noch nicht. Ich habe meine Aufgaben noch nicht erledigt.» Dann schwiegen wir uns gegenseitig an. Er machte seinen Job. Fachlich war er sicher eine Koryphäe und so stellte er nüchtern fest: «Ihr Herz ist top in Ordnung. Was Sie haben, ist eine Grippe!»

Schulterzuckend war ich dieses Mal die Fragende: «Wo sind dann die Begleiterscheinungen nur geblieben, wie Gliederschmerzen?» Diesmal fehlte ihm scheinbar die Lust, eine Antwort zu geben. Zurück im Zimmer und zerstochen wie ein Junkie stellte ich mir nur noch die Frage: Wie geht es AMACORD?

Dann kam ein ruhiger, netter Italiener und schob mich mit dem Bett zum Röntgen. «Geht es für Sie mit Aufstehen? Ich möchte gerne zwei Röntgenbilder Ihrer Lunge machen.»

Zurück im Zimmer ging es dann ganz schnell. Der Oberarzt erschien. Auf seinem Namensschild entzifferte ich «Welti». Auch dieser Name war mir sehr wohl aus der geistigen Welt bekannt. Da wusste ich, jetzt würde die Antwort kommen. Er lachte mich an und sagte feierlich: «Wir haben den Befund. Sie haben eine Lungenentzündung, welche wir am besten mit Antibiotika auf Penicilinbasis behandeln sollten.» Ich musste ihm mitteilen, dass ich darauf allergisch reagieren würde. Auf seine Frage, wie sich die Allergie äussere, teilte ich ihm mit: «Vor allem durch Anschwellen der Atemwege und daraus resultierender Atemnot.» – «Kein Problem, ich habe da noch ein anderes Antibiotikum zur Hand. Aber was ist für Sie momentan eigentlich das grösste Problem?» – «Dass ich aufhören will zu atmen.» Er sah mich an und ich wusste, er verstand mich: «Es gibt da auch noch eine dritte Antibiotika-Möglichkeit. Auch für Sie finden wir die optimale Lösung.»

Dienstag, 6.11.2012:

Mein momentanes Leben bestand anscheinend nur noch aus Liegen. Und, zu allem Elend, auch noch freiwillig. Ich merkte zwar, dass die Antibiotika zu wirken anfingen, aber meine körperliche Energie war total verbraucht. Ich weiss nur noch, dass ich mich scheinbar mehrfach äusserte, dass ich mich wie 120 fühlte!

Am Abend rief Corine an, weil ihr Hase Philip kränkelte und die Tierärztin nicht herausfand, warum. Ich sagte ihr, dass ich zu schwach sei, um mich hineinzufühlen, sie solle aber ein Bild mailen, damit Cordin es ansehen könne. Cordin erklärte, was er telepathisch empfing. Sein Fazit: Philip war lebensmüde. Am nächsten Morgen lag er tot in seinem Stall.

Mittwoch, 7.11.2012:

Ich begriff plötzlich, dass die Lunge beim Atmen wesentlich weniger schmerzen würde, wenn ich zusätzlich das mir verordnete Schmerzmittel einnahm. Also dröhnte ich mich ab sofort zu mit Dafalgan, Hustensaft und Lutschtabletten und und und ... Ich ging das erste Mal wieder bewusst in den Stall hinunter. Immer noch schämte ich mich für die pappige Masse, welche sich am Boden befand, und sagte zu Léonie: «Morgen fahre ich, um den Hänger zu leeren, dann können wir misten. Denke, dass ich bis dann wieder genügend Reserve habe, um mich körperlich etwas zu betätigen.» Beim Nachtessen sagte ich zu René: «Ich glaube, du solltest mir eine Kamera im Stall montieren.»

Meine Wachzeiten verbrachte ich liegend, mit dem Laptop auf den Knien, und mit dem krampfhaften Suchen nach einem Büsi. Ich sehnte mich so sehr nach einem und wurde richtig kratzig, weil ich einfach keines fand, das meinen Vorstellungen entsprach. Iris sagte mir am Telefon, sie könne sonst noch eine Bauersfrau anfragen, ob sie noch Junge auf dem Hof hätten. Das seien immer wunderschöne Büsis, wenn nicht gerade jetzt Junge abgabebereit wären, lohne es sich vielleicht auch noch, etwas zu warten. Ich sagte ihr argwöhnisch, jetzt hätte ich keine Lust und Zeit mehr zu warten. Jetzt und genau jetzt musste das Büsi kommen!

So legte ich mich also an diesem Mittwochabend, am 7. November 2012, von Schmerzmitteln und Antibiotika zugedröhnt sowie von den Spuren der Pseudokrankheit gezeichnet, ins Bett und schlief ein.

Donnerstag, 8.11.2011:

Der Tag der mein ganzes Leben schlagartig verändern sollte.

Ich hatte einen Traum.

Einmal Hölle und zurück:

Zugedröhnt, wie ich war, verliess ich im Schlaf meinen Körper und begab mich auf eine Astralreise. Es war die fürchterlichste Astralreise, die ich je in meinem Leben erlebt hatte. Ich wurde mit Bildern und Geschehnissen konfrontiert, die ich dem schlimmsten Menschen dieser Welt nicht wünschte. Ich landete in den unteren Sphären, in einem dunklen, stickigen, verrauchten Raum. Mord und Totschlag schienen hier an der Tagesordnung zu sein.

Es dröhnte, war laut, klirrendes böses Gelächter und dumpfe grollende Stimmen erfüllten diesen Raum. Ich wurde Zeuge einer Verschwörung. Jemand sollte sterben. Ich wusste, dass ich von irgendeiner dieser Kreaturen Hilfe bekommen musste, denn alleine konnte ich denn Fall nicht lösen. Wenn ich mich jemandem näherte und Hilfe suchte, wurde ich selbst verfolgt und musste um mein Leben bangen. Trotzdem kam ich wieder aus meinem Versteck hervor und suchte nach einem neuen

Verbündeten, der mir helfen würde, diesen Fall zu lösen. So ging es hin und her, hin und her. Ich hatte bald keine Kraft mehr, mein ganzes Adrenalin war ausgeschüttet und trotz allem schaffte ich es nicht, dieser Situation Herr zu werden: zwischen Angst und Schrecken, Mut und Hoffnung, dem Drang, weit wegzurennen und doch zur Salzsäure erstarrt ausharren zu müssen.

Plötzlich blitzte ein fahler, grauer Lichtkegel auf. Ich sah ein ach so bekanntes Wesen, Frau Inge. Ich schien das Steuer nun doch noch rumreissen zu können. So kämpfte ich mich zu meiner ehemaligen Lehrlingschefin durch. Da stand sie. Gross, standhaft, fester als sie es je im Leben war – und zu meinem Entsetzen – mit eisigem Blick. Trotzdem wusste ich, dass sie meine letzte Hoffnung war. Ich musste sie überzeugen, mir zu helfen. Also stand ich stark und gross vor sie hin und rief in das laute tosende Gebrüll hinein: «Frau Inge, Sie müssen mir helfen!» Ihre Antwort war kurz und bündig: «Nein.»

Ich flehte sie an und sagte ihr wieder: «Frau Inge, Sie sind meine einzige Hoffnung, Sie müssen mir helfen!» Sie blieb teilnahmslos stehen, mit kaltem, leerem Blick, und sagte wieder: «Nein.» – «Ja, aber», flehte ich, «Sie müssen.» Die Antwort kam, da könne keiner mehr helfen. Ein definitives Nein. Ich verstand die Welt nicht mehr. Warum lehnte mich genau diese Person ab? Nach ihrem grausamen Selbstmord, den sie in der realen Welt verübt hatte, versuchte ich so oft, sie zu verstehen und ihr zu helfen, damit sie in den geistigen Ebenen weiterging. Ich spürte in mir nur noch Schwere und Enttäuschung.

Körperlich, seelisch und geistig war ich am Ende. In diesem Moment schoss ich, wie durch eine Pistole gefeuert, in meinen Körper zurück. Schweissgebadet, am ganzen Leib zitternd, wusste ich, dass ich sofort nochmals dorthin zurück musste. Es musste eine Möglichkeit geben, diese Situation gesund zu träumen. Dann blieb für mich eine Sekunde die Welt stehen, mein Atem stockte und ich ergab mich. Ich betete für Frau Inge das Vaterunser – das stärkste Gebet, welches ich auf unserer Erde kenne. Dann schoss mir wie ein stechender Schmerz durch den Kopf und im gleichen Moment jagte ich bei vollem Bewusstsein auf meine Beine. AMACORD!

Jeder wusste, dieser Tag würde kommen. Jeder hoffte, dass dieser Tag noch in unendlich weiter Ferne liegen würde. Niemand wagte es, an den Tag danach zu denken.

Es war dunkel um uns herum. Nur die Räbeliechtli beleuchteten den ersten Teil unseres einsamen Weges, als Timy und ich unendlich traurig von zu Hause fort gingen. Die Lieder der Kinder erklangen noch aus allen Gassen, während der alljährlich wiederkehrende Räbeliechtli-Umzug seinen Lauf nahm. Wie gerne hatte Amacord am Zaun gestanden und dem lustigen Treiben der fröhlichen Kinder mit ihren fantasievoll geschnitzten Räben zugesehen.

Wie viel Freude hatte er doch gehabt, wenn das Dorfleben etwas Aussergewöhnliches zu bieten hatte. Ob ein Feuerwerk oder die Dorfmusik, Amacord hatte nie als Zuschauer gefehlt. Eine riesige Leere entstand da, wo sonst schelmisch blitzende Augen das bunte Treiben vom Zaun aus verfolgt hatten und ein weitherum hörbares Gewieher seinen Teil zur allgemeinen Unterhaltung beigesteuert hatte. Timy und ich traten den Weg nach Stadel an, zu dem Stall, wo Timy und Amacord vor unserem Umzug in unser eigenes Heim gemeinsam gewohnt hatten. Ich war froh, als die Häuser hinter uns lagen. Ich war froh, dass die Dunkelheit unsere Traurigkeit in sich aufnahm. Ich war dankbar, dass uns für Timy eine so spontane Lösung angeboten wurde und ich ihn vorübergehend dorthin bringen durfte. Tapfer und gefasst lief Timy neben mir her – das erste Mal ohne seinen über viele, ja es waren sehr viele Jahre treuen Freund und Begleiter Amacord an seiner Seite. Die Lücke, welche Amacord in unserem Leben hinterliess, war für uns alle noch in keiner Weise abschätzbar.

Gegen Mitternacht, nach den intensivsten, traurigsten und doch auch mit tiefster Dankbarkeit erfüllten 24 Stunden meines Lebens, fiel ich ins Bett. Schlief ein, um kurz darauf wieder geweckt zu werden ...

Amacords Erklärungen

Für meine Liebe Reni

Bald vier Jahre sind vergangen, seit dein Vater damals zu dir kam, um dir zu sagen: «Schreib bitte ein Testament für Amacord, damit wir alle wissen, was zu tun ist, wenn Amacord geht.» Alle hatten Angst, dass du meinen irdischen Tod nicht durchstehen würdest.

Also führten wir die Kommunikation. Du sasset neben mir im Stall, mit Bleistift und Block bewaffnet, und fragtest mich: «Amacord, wenn du gehst, was erwartet mich, was kann ich für dich tun und in erster Linie: Was willst du?»

Inhaltlich konntest du vieles zu diesem Zeitpunkt nicht einordnen. Trotzdem entstand das gewünschte Testament. Zur Überprüfung gingst du zu einer professionellen Tierkommunikatorin. Dort tauchten die ersten Fragen auf. Sie sagte dir, sie bekäme überall das Okay, ausser – sie sähe noch einen weiteren Mann im Jenseits, der Amacord in Empfang nehmen würde. Dein Rätselraten begann, du suchtest auf der geistigen Ebene alles ab, auf deinen Vater wärst du, zu deinem Schutz, nie gekommen. Die Kommunikation fand genau in dem Zeitpunkt statt, als sie bereits sah, dass dein Vater in Kürze ins Jenseits reisen wird. Für dich war dies zu diesem Zeitpunkt noch nicht wahrnehmbar.

Gestern Nacht wurdest du von einem Albtraum verfolgt. Für dich war es einmal Hölle und zurück. Du sahst immer jemanden sterben und konntest nicht helfen. Jegliche Hilfe wurde dir verwehrt. Und dann wurdest du wieder von Panik verfolgt, weil sie dich umbringen wollten. Nach langer Zeit der Verzweiflung sahst du deine ehemalige Lehrlingschefin. Du warst direkt auf sie zugesteuert, für einen kurzen Moment wurde dir bewusst, dass du dich in den Astralebenen befandest. Du warst dir sicher, sie würde dir helfen. Als du ihr sagtest, sie müsse unbedingt helfen, den Fall aufzudecken, sonst würde jemand sterben, gab sie dir in bestimmtem Tonfall zur Antwort: «Nein, ich kann nicht helfen.» Dein «Ja aber», und dein Flehen nützten nichts. Du verstandest die Welt nicht mehr, und warst verzweifelt, dass dir jemand, für den du so intensiv da warst, die kalte Schulter zeigte. Dann wachtest du schweissgebadet auf, wolltest sofort wieder in den Traum zurück, um ihn gesund zu träumen. Es ging nicht, du sprachst ein Vaterunser für deine Lehrlingschefin, dann nahmst du einen Schmerz im Kopf wahr und warst blitzartig wach. AMACORD!!!

Du rastest zu mir in den Stall. Das Bild war für dich erträglich, weil du vorher bereits durch die Hölle gegangen warst. Ich lag auf der Seite, versuchte hochzukommen und knallte dabei immer wieder mit dem Kopf gegen die Boxenwand. Du stütztest mich, du hieltest meinen Kopf und wusstest, was jetzt geschehen würde. Dir war bewusst, dass ich mich nicht verlegt hatte und dass ich ohne Hilfe nicht mehr hochkommen würde. Der Stich am Morgen in deinem Kopf war zuerst mein Schmerz gewesen, den ich spürte, dann wurde mir schwindlig und ich fiel um.

Deine zusätzlichen, menschlich-irdischen Befürchtungen, ich hätte mir beim Sturz den Kiefer zertrümmert, war deine Angst. Was sagte dein Vater dir immer? «Angst ist dein schlimmster Gegner. Egal, was kommt, bleib in deiner Ruhe.» Ich blutete aus dem Mund. Jedes Mal, wenn ich mich hochbäumte, hieltest du meinen Kopf mit deinen Händen. Du wundertest dich, warum noch nicht alle Nägel kaputt und die Hände blutig zerkratzt waren. Dann brach ein Nagel, es blutete und dein Blut vermischte sich mit meinem. Daraufhin lachtest du. Jetzt waren wir sogar noch Blutsbrüder geworden. Ansonsten hattest du keinen einzigen Kratzer kassiert. Zufall? Wir beide wissen, es gibt keine Zufälle. In dieser Zeit zündete Wädi die erste Kerze an und René die rote in der Laterne. Dann folgte das Gespräch mit dem Tierarzt. Auf seine Frage, ob er mich einschläfern kommen solle, kam Renés prompte Antwort: «Nein, auf keinen Fall!» Das unterstrich René deutlich – mit dem Bringen der roten Kerze. Auch das war richtig so. Somit konnte der Tierarzt nichts tun. Das Tierspital musste aufgeboten werden, es musste ein Transporter her, um mich zu heben.

Das Tierspital hatte gerade kein freies Fahrzeug zur Verfügung, die Tierambulanz ebenfalls nicht, ein Rettungsdienst war nicht auf die Grösse eines Pferdes ausgerichtet ... Jetzt «lupfte» es dir den Deckel und du fingst an, zu schimpfen und zu toben. Reni, auch das war richtig. Es musste so sein, dass dieser Grosstierrettungsdienst kam.

Dann kam Martin, um zu helfen, meinen Kopf abzufangen. Die Vorwürfe, die du dir machtest, weil der Stall nicht frisch gemistet ausschaute, waren überflüssig. Was denkst du, was geschehen wäre im frischen Einstreu? Ich hätte mich furchtbar blutig und wundgekratzt. Auch mein Auge wäre nicht geschützt gewesen. Du riefst nochmals unseren Tierarzt an und fragtest, ob er trotzdem kommen könne, weil dir klar wurde, transportiert würde ich nicht mehr und beim Grossrettungsdienst fährt kein Arzt mit. Dann liessest du Cordin wekken. Er kam, sah und konnte doch keine Antwort geben. Mit hängenden Schultern und gesenktem Kopf lief er langsam davon.

Dann erfüllte sich ein ganz grosser Seelenwunsch von dir. Du weisst, was geschah, als René und du euch gegenüber standet, René vor dem Stall und du im Stall. Er ging in diesem Moment in Erfüllung, als du den Schritt über die Schwelle zu René in seine Arme machtest. René und Reni, vergesst etwas nie: Den richtigen Zeitpunkt bestimmt nicht der Kopf und nicht der Körper und auch nicht das Wollen und das Denken. Den richtigen Zeitpunkt bestimmt alleine die Seele.

Zuerst traf die Mitarbeiterin der Tierambulanz ein. IRINA. Du und ich wissen, was der Name bedeutet. Es erleichterte dich, auch diese Hilfe annehmen zu dürfen. Dann kam unser Tierarzt, kurze Zeit später der «Chef» vom Tierrettungsdienst und noch eine Frau. Der «Chef» rannte in die Boxe und veranlasste dich, deswegen bereits in Abwehrstellung zu gehen. Du fauchtest ihn an: «So nicht, bitte mit mehr Herz. Es handelt sich hier um das Pferd der Pferde.» Er erklärte uns sofort, das sei reine Routinesache und er wisse genau, was er zu tun habe. Es hatte keiner seine fachlichen Kompetenzen in Frage gestellt. In diesem Moment wusstest du: so nicht! Wir brauchten ihn, um mich auf die Beine zu bringen. Unser Tierarzt bestärkte dich, es zu versuchen. Und dir war bewusst, wenn du jetzt Nein sagen würdest, könnten wir in diesem Umfeld nicht würdig voneinander Abschied nehmen. Reni, das war der zweite Punkt, dieses Ja-Nein,

Ja-Nein, welches du zur Zeit des Testamentschreibens nicht einordnen konntest. Ich hatte dir damals gesagt, du würdest dich richtig entscheiden, ich würde zum entscheidenden Zeitpunkt nicht mehr im Körper sein. Also liessen wir es geschehen.

Zuerst zogen sie mich in die Mitte des Stalles. Auch mit so vielen Leuten hattet ihr es nicht geschafft, mich aufzustellen. Der «Chef» sagte, wir müssten mit Netz und Seilzug arbeiten. Er müsse mich dafür sedieren, also mit Medikamenten ruhigstellen. Deine Worte waren klar und deutlich: «Mein Amacord wird nicht sediert!» Der «Chef» plusterte sich auf, und meinte, er habe hier das Sagen und er wisse, wie das ginge. Und ein Vollblüter, der durchdrehe, wenn er im Netz hinge, sei ein ganz schlimmes Bild, welches du sicher nicht ansehen möchtest. Du sagtest wieder ruhig und bestimmt: «Ich habe schon genug schlimme Bilder gesehen und ich kenne Amacord.» Mit den Worten, es sei in seiner Verantwortung, stapfte er zum Transporter, um das Material zu holen. Wir waren ihm ausgeliefert. Du batest alle geistigen Helfer um ein Wunder. Unser Tierarzt und René liefen hinterher und René sagte zum «Chef», Amacord dürfe nicht sediert werden.

Der «Chef» kam zurück. Seine Schwingung hatte sich um 180 Grad gewendet. Er sagte kurz und ruhig: «Wir versuchen es, ohne zu sedieren.» Du befandest dich bei mir am Kopf. Ich trug einen Vollkopfschutz. Wir sahen uns an und du wusstest, dass das auch in meinem Sinn war. Auch da war dein Durchsetzen korrekt. Hinter uns ratterten die Ketten vom Aufzug wie Bohrhammer. Es klang wie auf einer Grossbaustelle. Dann sahst du mir wieder in die Augen und hattest gesehen, dass ich aus meinem Körper raus war. René kam und fragte, ob es ginge. Du sagtest ihm, was war. Beide wart ihr einfach nur ruhig. Dann hing ich in dem Netz mit schlaffen Beinen und hängendem Kopf. Der «Chef» setzte jedes meiner Beine an seinen Platz. In diesem Moment trat ich nochmals in meinen Körper ein. Du wusstest, dass ich jetzt wieder da war. Ich konnte stehen, urinierte in die Box. Dich irritierte der wasserklare Strahl. Die anderen merkten es jedoch nicht. Dann tat ich ein paar wacklige Schritte. Der Tierarzt sagte zum «Chef»: «Jetzt einfach etwas langsamer, bitte, gebt Amacord die Zeit. In Menschenjahren ist der Herr 120 Jahre alt.» Dann lief ich zum Futtertrog, machte zwei Schritte zurück, und folgte dir auf Schritt und Tritt.

Der «Chef» war zufrieden und räumte auf. «Sehen Sie», sagte er zu dir, «nichts gebrochen, alles bestens, das kann es geben, wenn sich ein Pferd verlegt.» Du bliebst still. Reni, du darfst keinen Groll gegen seine Art hegen. Sein Herzchakra lag verschüttet. Ausserdem war er als Tiermensch und nicht als Geistmensch inkarniert, und er war genau der Richtige, der in dieser Situation kommen musste. Das Tierspital hätte die Sache durchschaut. Für mehr brauchten wir ihn nicht. Unser Tierarzt verabreichte mir eine Schmerzspritze. Ansonsten untersuchte er mich nicht. Unser Tierarzt wusste warum – und du wusstest es auch. Er sagte zu dir: «Jetzt Mash und lauwarmes Wasser.» Du sagtest noch, schwarzen Kaffee hätte ich auch gerne. Worauf Léonie geistesgegenwärtig und für dich völlig irritierend und überraschend mit einer Tasse Kaffee dastand. René hielt mir die Tasse hin. So durften wir unseren letzten gemeinsamen schwarzen Kaffee trinken. Dann lief ich dir hinterher bis zur Boxentür.

Wädi bereitete Mash auf. Im nächsten Moment kam meine Lieblingsnachbarin in Tränen aufgelöst. Ich zeigte mich auch bei ihr nochmals stehend und von meiner besten Seite. Im Leben wurde ich doch von ihr auch nach dem Leitsatz «nur das Beste ist gut genug für dich» behandelt. Als du mich einen kurzen Moment nicht im Blickwinkel hattest, fragtest du bei René nach, ob ich noch stehe oder schon liege. Er sah dich fragend an. Du wusstest es. Ich wartete nur noch den besten Zeitpunkt ab. Als alle verschwunden waren und du das Mash holen gingst, legte ich mich wieder hin.

In der Küche sagte dir Wädi, er dürfe dir gar nicht erzählen, was er nach dem Anzünden der Kerze geträumt habe. Du räumtest ein: «Oh doch, Wädi, ich weiss es.» Daraufhin sagte er, dass ich nochmals aufkommen, dann aber sterben würde. Du antwortetest nur: «Ja, so ist es.» Du schautest in den Stall und teiltest Wädi mit, dass ich mich bereits wieder hingelegt hatte. Du kamst mit dem Mash und fülltest es für mich in deine grosse, orange Schüssel ab. Doris und auch Oma kamen sofort zu uns aufgrund deiner Benachrichtigung, ich läge im Sterben. Ja, Oma ist und war in schwierigen Situationen immer für dich da. Alles und jeder zur richtigen Zeit am richtigen Ort.

Dann rief Edith an, sie hätte deine Nachricht gelesen. Sie sagte, dass sie sich kaum traute anzurufen, weil sie nicht verstand, was da vor sich ging. Sie war irritiert durch die Information: Du zeigtest ihr, dass du bereits deinen Körper verlassen hättest und gleichzeitig erklärtest du ihr, dass du Schmerzen hättest.

Du schmunzeltest und erklärtest ihr, dass ich nochmals in den Körper eingetreten war, um Abschied zu nehmen. Mit Edith hatte ich doch schon so manches Gespräch führen dürfen. Klar, übernahm jetzt Edith die schamanische Begleitung. Auch da brauchte es keine Erklärungen mehr. Sie hatte schon Spongebob für uns begleitet. Dann legtest du mir, auf Anweisung von Edith, das orange Handtuch über den Hals. Es war auch kein Zufall, dass du orange Strumpfhosen unter der Kleidung trugst. Orange steht im Irdischen für Schockauflösung, Traumaverarbeitung und Beruhigung. Im Geistigen steht Orange für Auflösung des Schocks in den Zellen. Daher war auch die orangene Schüssel für mich richtig. Das letzte Mash genoss ich noch im Irdischen. Auch sagte dir Edith, du sollest mir sanft das dritte Auge berühren und so mithelfen. Du liebtest lange Stirn- und Mähnenhaare. Obwohl der Stirnpony normalerweise als Wärmeschutz diente, bekam ich keinen – mein drittes Auge musste frei sein. Du fuhrst mir sanft und spiralförmig über das Dritte Auge. So konntest du mir helfen, mich aus der irdischen Lebensspirale zu befreien. Dann legte ich mich wieder flach hin.

Zu sehen, wie ihr lebt und auch in diesem Moment doch so heiter lachen konntet, war einfach gut für uns alle. Wie Doris Oma auf den Kamillentee brachte ... Doris lustige Bemühungen – Omas witzige Art – einfach so, wie das Leben spielte. So habt ihr auch mir das Vertrauen geschenkt, mich loslösen zu dürfen. Die Anspannung war weg. So konnte auch ich mich lösen. Zwischendurch drehte ich mich im Kreis, um mit Timy die letzten Vorbereitungen zu treffen. Wenn ich den Kopf unter deinem «Notzaun» durchstreckte, kam Timy und knabberte ganz sachte an meinen Ohren.

Dann kam wieder ein Anruf von Edith. Du solltest die Farbe nun auf Blau und Grau wechseln. Du warst am Hypern, weil du kein Blau finden konntest. Du sagtest zu Edith, du würdest alle Farben kennen, aber in Blau hättest du nichts. Sie sagte, vielleicht ein T-Shirt der Kinder oder etwas Blaues von René ... Plötzlich begriffst du: Die Mütze auf deinem Kopf war dunkelblau. Du nahmst sie ab, trotz Lungenentzündung. Wir beide wussten, auch deine Schmerzen würde ich restlos mitnehmen, wenn ich ging. Weisst du, dass du blaue Winterschuhe trugst? Das war einer der wenigen Gegenstände in deinem Leben, bei dem du einen Kompromiss zwischen dem Hässlichen und Praktischen eingegangen warst. Das Blau stand für «wie oben so unten». Du trugst die blauen Schuhe, weil du unten bliebst. Deine Mütze gabst du mir mit, für meine Reise in die nächste Stufe.

Ich liess dich heute Nacht durch meine Augen sehen. Du sahst immer, wie die Linse sich öffnete und immer mehr Blau kam, es kam und ging, es kam und ging. Dann wurde es wieder einen Moment ruhig und dunkel, dann wieder das Blau, es kam und ging. Dann sahst du das wunderschöne, grauschimmernde Firmament. Du nahmst es wahr wie feine Glitzerfäden, welche im Grau eingewoben waren. Ich vermochte den Schleier der grauen Schutzzone nicht so schnell zu durchbrechen und fiel wieder in den Körper zurück. Und weisst du jetzt, warum du kein Grau tragen durftest? In diese Ebene durfte ich dich nicht mitnehmen. Durch die Schmerzspritze liessen sich die Körperfunktionen nur verlangsamt hinunterfahren.

Trotzdem konnte ich meine Lebensenergie Zentimeter für Zentimeter aus dem Körper hinaus arbeiten.

Wenn ich wieder im Liegen galoppierte und mich danach ergab, rückte ich wieder Zentimeter für Zentimeter aus dem Körper hinaus. Ich zeigte dir die Stelle direkt hinter meinen Ohren und liess dich die ruckartige Bewegung der Loslösung miterleben. Du wusstest, dass dort die Seele ausgehaucht wurde.

Dann erschien Oma wieder. Sie ist stärker als du mit dem Boden verankert, weil sie doppelt so viele Bodenzahlen wie du trägt. Trotzdem «hätte» auch sie einen guten geistigen Draht, ihre Lebensaufgabe ist jedoch irdischer als deine. Natürlich schimpfte sie lauthals, wo deine Mütze sei. Du sagtest ihr, dass du sie Amacord gegeben hättest. Ihre typisch knappe Antwort «So witzig!» war einfach nur herrlich zum Schmunzeln. Wir nahmen sie beide nicht ernst. Weil du und ich wussten, dein Gesundheitszustand hing nicht mehr vom Mützentragen ab. Dann war Oma auch schon wieder fort. Nach einer Zeit rief Edith erneut an und sagte dir, du solltest sofort alles Orangene aus der Boxe nehmen. Da musste noch ein Kübel drin stehen. Orange musste zu diesem Zeitpunkt raus, weil es für mich bereits eine zu irdische Farbe war, die mich rückwärts zog. Verstehst du, die Futterschüssel wie auch die orangen Strumpfhosen gehörten zum irdischen Leben.

Edith sagte dir: «Beginne jetzt mit Grün. Kein leuchtendes Grün, es muss ein dunkles, sattes, mattes Grün sein.» Und du sollest mir noch ein mittelgraues Tuch hinein legen. In der Garage fandest du das Putzlumpen-Shirt von René und für das Grün nahmst du die älteste Pferdefliesdecke, welche uns von Anfang an auf unserem gemeinsamen Lebensweg begleitete. Weisst du noch, wie du ein dunkegrünes «Gnägi» von René anzogst. Auch all die Tage zuvor, weil diese Militärleibchen Rollkragen hatten, welche deinen Hals besser schützten? Mit diesem Grün reisten wir zusammen auf die Wiese.

Dort zeigte ich dir, warum ich die hellere graue Farbe haben durfte, du sie aber meiden musstest. Das Grau war für dich als riesiges Gebilde wahrnehmbar, welches aussah, als wären ganz leichte, grosse, lichtgraue, wie Ytongsteine aufeinander aufgebaut, in verschiedenen Dicken, zum Teil auch verschieden eckig. Über diese Brücke, welche geradeaus in die Höhe zeigte, kam ich in die nächste Ebene. Auch da durfte ich mich wieder ein paar Rucke aus meinem Körper weglösen. Ich zeigte dir ein weisses Band, welches mich Stückchen für Stückchen aus dem Körper heraus zog. Im Irdischen nennst du es die Silberschnur.

Zwischendurch liesst ihr mich mit Timy alleine, was für uns beide auch sehr kostbar war. Und ich wusste, auch du brauchtest deinen eigenen Austausch. Doris, Oma, René, alle waren sie da und halfen uns auf unserem Weg der Trennung. Auch Martin kam immer wieder mal. Er durfte auch viel unterstützen und auch lernen. Wir zeigten euch symmetrische Bilder, indem sich Timy immer wieder auf seiner Stallseite gleich positionierte wie ich lag. In diesen Zeiten konnten wir noch den irdischen Austausch, welcher für uns sehr wichtig war, vornehmen.

Als wir symmetrisch Rücken an Rücken lagen, stelltest du richtig fest, dass ich ihm noch meine körperlichen Werte, meine Charaktereigenschaften und Lebenserfahrungen übertrug. Danach waren wir wieder für uns alleine. Du hattest keinen wichtigen Schritt verpasst. Wir liessen dich an allem Wichtigen teilhaben. Was du nicht selbst wahrnahmst, wurde dir durch Léonie, Oma und Doris übermittelt.

Als unsere Kinder und auch meine Reiterfräuleins kamen, setzte ich mich jedes Mal nochmals auf. Ich wollte von ihnen nochmals, auch über Körperkontakt, Abschied nehmen. Und ich wollte mich ihnen von meiner besten Seite zeigen. Sie sollten Kraft, Mut und Zuversicht von mir übernehmen dürfen. Auch fand nochmals ein wichtiger Austausch statt. Dann drehte ich mich wieder im Kreis, schlug aus, galoppierte liegend. Dabei ging die Seele Ruck für Ruck aus dem Körper. Das blaue Kerzchen war abgebrannt und dann entschiedest du dich wieder richtig und holtest das blasse, weiss-violette Kerzchen heraus. Als ich erneut auf der vorderen Stallseite ankam, bäumte ich mich wieder auf und liess mich fallen. Du hattest Angst, dass ich mir wehtun könnte. Eigentlich waren Doris und du im guten Glauben, dass ihr mir mit unserer Decke mit der schönsten Farbe die richtige gegeben habt für den Schritt der Farbe Violett. Obwohl du wusstest, dass unsere Farbe nicht Violett war. Es war genau das, was ich in diesem Moment brauchte. Ich lag darauf und es war gut so.

Überlege einmal, was für eine Reitjacke du anhattest? Das Reni, das ist unsere Seelenschutzfarbe.

Doris war da, weil sie diejenige war, welche dich zu hundert Prozent gewähren liess. Wenn du in ein leises Zögern fielst, konnte sie dich sofort auffangen. Sie war dein Motivator. René kam hinzu und sagte, er würde den Tierarzt jetzt rufen. Mit dieser Information ging ich über René, weil du gezögert hattest, ob du bis drei Uhr warten solltest. Auch da siehst du, es kam genau richtig, so wie es sein sollte. Kurz vor drei Uhr liessest du

Léonie Iris kontaktieren mit der Bitte, sie solle eine Kerze im Kloster Einsiedeln anzünden gehen. Auch Iris fuhr sofort los. Dann kamen der Tierarzt und auch Oma wieder. Doris und René, alle Personen, die zu diesem Zeitpunkt für dich wichtig waren, standen da.

Unser Tierarzt setzte die Sedierungsspritze. Er hatte Mühe, die Ader zu finden. Das Blut war bereits am Eindicken. Ich spürte die Spritze nicht einmal mehr. Dann ging er die richtigen Spritzen bereitmachen. Unser Tierarzt kam zurück und Léonie liess unser Lied laufen.

Leise lauschten wir den Worten: Ich wünsch dir Liebe ohne Leiden – und eine Hand, die deine hält ... Ich wünsch dir Liebe ohne Leiden und dass dir nie die Hoffnung fehlt ... Dein Leuchtturm steht nun anderswo, doch auf dem Weg ins eigene Licht ... Ich wünsch dir Liebe ohne Leiden und Glück für alle Zeit ... Du bleibst zurück und stehst an sich recht fest in deiner Welt ... So sag ich tschau ... Doch bitte schau noch einmal hinter dich ... und lach mich an und sage mir: was ist dein Wunsch für mich? ...

Ja, Léonie, auch wenn mir dein Liedergeschmack sehr gut gefällt, aber dieses Lied gehörte immer schon Reni und mir.

Unser Tierarzt setzte die erste Spritze, die zweite, die dritte, die vierte und fünfte. Das war das letzte kleine Stück, wo ich für eure irdische Hilfe so dankbar war. Ich war schon weg, schaffte es aber nicht alleine, die Körperfunktionen auf null hinunter zu setzen.

Ich ging in diesem Moment, als Iris im Kloster die Kerze anzündete. Ich bin Iris sehr dankbar dafür. Diese Kerze musste in diesem Kloster brennen, weil du seit jeher den grössten Bezug zu diesem Gotteshaus hattest.

Erinnerst du dich noch an die Entstehungsgeschichte von den beiden Raben? Auch deine Elster war ein Rabenvogel. Es war der Rabenvogel für die Geistebene.

Dann, Reni, kam die dritte Stelle im Testament, welche für dich damals aus irdischer Sicht nicht logisch gewesen war: Als du dich nochmals zu mir hinlegtest, wir unser Lied hörten und unsere gemeinsamen Lebensstationen durchsehen durften, war das nochmals der Austausch und das Lösen, das Zurückschauen und das Gehen, der Wunsch für deine Wünsche für meine Weiterreise und mein Wunsch für dich.

Mein Wunsch für deine Zukunft wird bei dir eintreffen. Es ist eine Sie und heisst «Commencé».

Der Tag danach

Freitag, 9. November 2012: In der Tagesschwingung des Aufgestiegenen Meisters

Ich schlief mit den Eindrücken des Vortages ein, voller Turbulenzen und schlussendlich verbunden mit unendlich tiefer Dankbarkeit und Freude. Amacord weckte mich wiederum auf. Wir verbrachten zusammen die Nacht – mit dem Kommunizieren auf allen Ebenen. Es gab so viel, was ich erst jetzt erfahren durfte. Er liess mich durch seine Augen sehen und zeigte mir über das Hellsehen bildliche Eindrücke, er sprach mit mir durch das Hellhören, seine Körperempfindungen durfte ich durchs Hellfühlen nochmals nacherleben.

Irgendwann bat ich ihn um einen Stopp, ich musste mir sofort Notizen machen. Er befahl mir, liegen zu bleiben: «Du wirst dir alles merken können. Morgen früh wirst du alles bei voller Klarheit in deinem Herzen, in deinem Kopf und natürlich in deiner Seele verankert wissen.» Dann spürte ich mich von einer unglaublich starken Energie gepackt. Sie ging mit voller Kraft von oben nach unten durch meinen Körper hindurch. Es fühlte sich an, als ob meine ganze Zeit der Lebensspirale rückwärts laufen würde. Zuerst ganz langsam. Rums, rums, rums, wie die Wäsche sich in der Waschmaschine dreht. Dann wurde die Spirale immer enger und kleiner und das Rums immer schneller und heftiger. Und dann setzte wie der Schleudergang bei offenem Türchen ein und jagte alles aus meinem Körper hinaus.

Ich wusste nicht mehr, wo mir der Kopf stand, doch dann durfte ich einen Moment aufschnaufen. Plötzlich schoss von unten nach oben eine Lichtenergie durch mich und ich fühlte mich in diesem Moment unglaublich fit, stark und kraftvoll.

Als nächstes sagte Amacord mir, dass zwei Katzen zu uns kommen werden: Eine für mich mit dem Namen Commencé, eine für René und dieser Kater soll auf den Namen Zero hören. Auf meine Frage hin, ob er wisse, wie viele Katzen es auf diesem Planeten gäbe und ich keine Ahnung hätte, wo ich jetzt die «richtigen» finden würde, meinte er nur ruhig: «Deine Katze ist abholbereit bei der Bauernfamilie, welche Iris kennt. Der Kater von René läuft über die Geistebene, du wirst mit Hilfe des Internets fündig. Kontaktiere dazu den Tierarzt. Er wird dir helfen können.» Dann zeigte er mir ein Bild des Katers, ich sah ihn klar und deutlich, und Amacord zeigte mir auch, auf welches Merkmal ich zu achten hätte. Die beiden würden für den Neubeginn von null an stehen, meinte er. «Warum Commencé mit accent aigu?», fragte ich. Da erklärte er mir die Zusammensetzung der Namen.

Irgendwann sagte ich Amacord, ich könne nicht mehr, es sei zu viel für mich. Ich musste verarbeiten, ich musste schlafen, ich musste morgen irgendwie auf die Beine kommen ... Da sagte er wiederum: «Du brauchst dich nicht zu sorgen. Morgen früh wirst du topfit sein. Jetzt wollen wir noch etwas sehr Wichtiges für uns beide besprechen: deine Zukunft! Du wirst in Zukunft für die geistige Welt arbeiten dürfen. Aber jetzt einfach mal ganz von vorne. Schritt für Schritt, wir haben alle Zeit der Welt.»

«Ja, super», sagte ich. Ich wisse ja nicht einmal einen Namen für meine neue Aufgabe.

«Oh doch», widersprach Amacord. «Dein Zeichen ist das Horusauge, der Name ist ‹Mediale Kommunikation und Sterbebegleitung›.»

Ich meinte, so einfach sei das eben gar nicht. Ich sei am Computer ein «Tubeli», also sehr ungeschickt. Woher sollte ich die Homepage nehmen? Wie die Visitenkarten gestalten? Damit wirklich auch die richtige Energie in allem war?

Klar und bestimmt antwortete Amacord: «Das macht Ossi für dich!»

Ossi! Genau! Er war auf Amacord schon in ganz jungen Jahren geritten. Als selbstständiger Grafiker, immer in der Nacht unterwegs, sagte er jeweils, auf Amacord hätte er immer die besten Inspirationen.

Mir fiel es wie Schuppen von den Augen, meine Sicht wurde immer klarer, deutlicher, intensiver. Es überflutete mich mit tiefstem Urvertrauen.

So stand ich auf. Quitschfidel und munter. Und so machte ich mich bereit, um zur Nachkontrolle zu meinem Hausarzt zu fahren. Als ich meine Haare über den Kopf föhnte, entdeckte ich neben mir einen Ohrmüggler den Türrahmen hochklettern. Nun war ich erstmals von mir selbst irritiert. Statt kreischend und schaudernd den Raum zu verlassen, empfand ich dieses Tierchen als faszinierend schön. Nachdem ich den Haartrockner abgestellt hatte, nahm ich das Tierchen in die blose Hand und brachte es hinab in den Garten.

Beim Arzt angekommen, schaute der mich an, als sei ihm soeben ein Geist erschienen. Ich lachte und sagte: «So jetzt weiss ich, warum die Diagnose nicht nachvollziehbar war. Ich bin gesund!»

Er sah mich an, erlangte einigermassen seine Fassung zurück und meinte: «Aber die Blutwerte werden wir jetzt trotzdem noch kontrollieren.»

Natürlich stimmte ich sofort zu. Ich tat es, weil ich den Beweis wollte und er deswegen, weil er Arzt war. 1. Blut abzapfen, 2. Werte abwarten ... Die Wartezeit gab uns die Möglichkeit, uns in aller Ruhe über die Geschehnisse der letzten Tage zu unterhalten. Plötzlich unterbrach der Arzt meine Erzählungen und fragte: «Bitte nochmals. Wie haben Sie soeben gesagt, hiess Ihr Pferd?»

«AMACORD», kam meine Antwort.

«Wissen Sie, was das bedeutet?»

Jetzt wurde ich neugierig: «Nein, wieso?»

Mein Arzt räusperte sich: «Ja, es ist eben so: Ich mache immer gerne Wortspiele, nehme Namen auseinander, um herauszufinden, was ihre Bedeutung ist. Haben Sie sich über seinen Namen noch nie Gedanken gemacht? Was für ein Jahrgänger ist er?»

«1982», antwortete ich und wurde danach sehr still.

«Da Amacord 1982 geboren wurde, hatte der Züchter ihn sicherlich nach dem Film von Fellini genannt. Aber sein eigentlicher Name, war nur für Sie bestimmt ...

A M A C O R D

AMA = auf Latein: Amare, also: Lieben

Cord = auf das Herz bezogen

Ihr Pferd hiess demzufolge:

H E R Z E N S L I E B E»

Ich weiss nicht, wie viele Sekunden ich benötigte, um das zu verdauen. Irgendwann fand ich die Sprache wieder und konnte mir wirklich beim besten Willen nicht erklären, warum ich all die Jahre nie darauf gekommen war. Gerade ich, die doch auch immer alles hinterfragte, Erklärungen suchte, mit Namenszahlen jonglierte ... Unfassbar. Na ja, wir redeten noch eine Weile, die Blutwerte kamen, nach alldem muss ich wohl kaum erzählen, wie die Ergebnisse aussahen: Die Entzündung war weg.

Anschliessend zählte ich eins und eins zusammen und ich nahm den Namen unseres jüngsten Sohnes gedanklich auseinander – das lag wohl auf der Hand. Als ich das Auto auf den Vorplatz fuhr und den Motor abstellte, erhielt ich die Antwort:

C O R D I N = I N H E R Z E N

Mir fiel fast der Schlüssel aus der Hand. Plötzlich sah ich alles so klar. Der Name war in einer meiner intensivsten Lebenszeit entstanden. In beiden anderen Schwangerschaften hatte ich so stark Wasser bekommen und zudem auch meinen Lebensstil nicht wirklich verändert: wenig Schlaf, viel auf den Beinen – das Ausruhen und Hochlagern überliess ich lieber anderen ... Also lag es doch einfach auf der Hand, dass der Wassereinschuss auch während der Schwangerschaft mit Cordin nicht lange auf sich warten liess. Total auf dem moralischen Trip ging ich damals in der Nacht zu Amacord und jammerte ihm mein Leid. Er hörte mir wie immer intensiv und aufmerksam zu. Dann standen wir lange einfach Stirn an Stirn da. Urplötzlich wurde seine Stirne ganz kalt – und das Wasser bei mir war weg. Damals hatte ich Amacord das Versprechen gegeben, dass der Name des Kindes in Ehre, Hochachtung und Bezug zu ihm stehen sollte. So darf unser Jüngster jetzt einen Teil seines Namens weitertragen.

Mich wunderte, ehrlich gesagt, warum ich nicht danach gefragt wurde. Alle waren davon ausgegangen:

Ah, ganz klar – ein echter Schweizer Bündner Name!

Unterwegs hielt ich, wie Amacord mir gezeigt hatte, bei Blumen-Rosig an. Ich fragte nach Margeriten ... «Nein!», schoss es mir durch den Kopf, «weisse Gerbera müssen es sein! Was für eine Frage.»

Die Verkäuferin meinte: «Jetzt haben Sie aber auch Glück, normalerweise haben wir diese Farbe nie im Laden. Heute sind es erstaunlicherweise vier Stück. So ein Zufall!»

Ich lachte sie an und meinte: «Oh nein, es gibt keine Zufälle. Ich kaufe diese vier plus die restlichen drei Andersfarbigen noch dazu.»

Bevor ich mich überhaupt etwas fassen konnte, nahm auch schon die nächste Situation meine ganze Aufmerksamkeit in Anspruch. Was ich da sah, war so schön und doch so komisch zugleich, dass ich laut heraus hätte lachen können. Ich versuchte, ernst zu bleiben. Eigentlich wollte ich, zu Hause angekommen, nur kurz einen Blick auf Amacord werfen. Stattdessen traf ich auf sicher zehn Kinder, sitzend, wie die alten Jammerweiber die Köpfe gesenkt und weinend, rund um Amacord auf dem ach so sauberen Stallboden. Es war einfach irgendwie unglaublich ergreifend, und doch von so viel Freude erfüllt. Einfach nur goldig. Dann die vielen Briefe, Geschenke, Zeichnungen. Sogar Trauerkarten fand ich im Briefkasten. Ganz ehrlich, ich bin mir nicht sicher, ob es viele Menschen gibt, die auch schon zu Lebzeiten in diesem Mass geliebt und verehrt werden, wie es bei Amacord ganz natürlich und selbstverständlich immer der Fall gewesen war. Léonie kam und erzählte mir, wie viele Facebook-Postings es deswegen bereits gab. Na ja, Amacord war, blieb und ist einfach immer noch der Star.

Nachdem sich keines der Kinder von Amacords Seite lösen wollte, frage ich, ob eventuell irgendjemand etwas essen wolle. Schlussendlich sassen 13 Kinder am Tisch. Manche fingen wieder ein wenig zu lachen an und die Stimmung heiterte sich etwas auf, andere blieben einfach nur beängstigend ruhig. Jeder spürte die Trauer und den Schmerz um das unüberwindbar scheinende Loch, welches Amacord hier im irdischen Leben zurückgelassen hatte.

Als alle gegangen waren, nahm ich die Blumen und verteilte sie rund um Amacords Kopf. Zuerst die weissen, dann die rosaroten und zum Schluss die Gerbera in der Seelenschutzfarbe. Diese wollte ich genau dorthin legen, wo die Seele aus dem Körper hinaus getreten war. Ich zögerte einen Moment, da fiel mir ein kleines lilafarbenes Federlein auf, welches direkt auf die besagte Stelle zeigte, so dass ich wusste: Da und nur da gehörte diese Gerbera hin!

Gegen Mitternacht fiel ich ins Bett.

Samstag, 10. November 2012, in der Tagesschwingung der aufgehenden Sonne

In dieser Nacht wurde mir gezeigt, wie man Energien verbinden kann. Ich spürte, wie wieder an mir gearbeitet wurde, und ich sah, dass René mit einbezogen wurde. Ich hörte die Worte: «Bitte informiere René, damit er weiss, warum er plötzlich offener ist.» Dann fiel ich in den Schlaf.

Erneut erwachte ich, dieses Mal geweckt von einem wunderschönen glitzernden Licht. Es sah aus wie eine Kristallgitternetzkugel, mit tausend wunderschönen, klaren und glitzernden Kristallen übersät. Die Lichtkugel bewegte sich langsam in Richtung unseres Bettes. Auf Renés Schulter verweilte sie kurz. Ich flüsterte René zu, ob er Amacords Seelenenergie wahrnehmen könne. Ich hatte das Gefühl, als ob Amacord nochmals mit ganz viel Heilenergie alles am Reinigen war. René grummelte etwas vor sich hin und meinte: «Sag ihm, er soll meine Halsschmerzen und meinen Husten auch mitnehmen.»

Die leuchtende Kristallkugel bewegte sich sanft über seine Brust und flog durchs Fenster davon. Erstaunlich war, dass René von diesem Moment an die ganze Nacht kein einziges Mal mehr hustete. Kurz nach 3 Uhr erhob ich mich und ging zu Amacord in den Stall. Sein Körper war nun steif. Die beiden oberen Beine berührten den Boden nicht mehr. So genoss ich einen Moment die Stille mit ihm, erfüllt von tiefster Dankbarkeit. Wie schon so oft schien die Uhr einen Moment nur für uns beide still zu stehen. Zur gleichen Uhrzeit hatte mich Amacord vor zwei Tagen geweckt. Schon zwei Tage! So nah und doch so fern ...

Noch so viele Vorbereitungen mussten getroffen werden. In meinem Kopf schwirrten tausend Fragen: Hatten wir alle Personen informiert? Abdecker bestellt, Helfer angefragt, Nachbarn informiert, und dann das Telefonat an Rolf: den Hufschmied der Hufschmiede. Auch wenn jeder wusste, der Tag X kommt irgendwann für jedes Pferd, und gerade Rolf hatte in seinem Leben doch schon einige Pferde gesehen, beschlagen und einen Bezug zu ihnen aufgebaut – doch diese Nachricht steckte auch er nicht einfach so weg. Auf meine Bemerkung hin, wir müssten noch die Eisen runter nehmen, René könnte dies schon erledigen, kam es wie aus der Pistole geschossen: «Nein, das mache ich! Am Montagmorgen um halb acht Uhr werde ich da sein. Das ist eine Angelegenheit der Ehre.»

Genau als ich den ersten Teil der Aufzeichnungen von Amacord fertig geschrieben hatte, stand Iris im Türrahmen – mit Commencé!

Wir begrüssten unser neues Familienmitglied, ein Büsi, wie man sich ein Büsi eben vorstellt: jung spritzig und voller Lebensfreude – kurz gesagt, einfach Commencé.

Nur noch WOW, wie jedes Rädchen zum anderen passte, wie jeder sein Bestes dazu gab, wie alle ihren Job wahrnahmen und wie einfach mit null Aufwand alles erledigt wurde. Es stimmte einfach alles!

Iris erzählte mir, wie die Bauersfrau über das Verhalten von Commencé erstaunt war. Nach dem Anruf von ihr sei sie nur noch auf dem Fenstersims gesessen und habe wie wartend nach draussen geschaut. Als Iris kam, war Commencé wie selbstverständlich in die Transportbox gestiegen, mit erwartungsfroher Haltung, ganz nach dem Motto «Komm endlich, mein neues Zuhause wartet». Sie sei zufrieden mit ihr mitgegangen.

Mit Iris fuhren wir in die Landi, damit Commencé das gleiche Futter erhielt wie bis anhin. Es war schon späterer Nachmittag. Ich suchte nach meinem Mantel, merkte, dass er oben sein musste und dachte noch: «Ach was solls, dann nehme ich halt die verdreckte Stalljacke. Wir fahren ja nur zur Landi.» Im Auto bemerkte ich, dass die Jacke relativ neutral roch. Irritiert fragte ich später Léonie, ob sie mal riechen könne.

Celestine, welche gerade zur Tür herein kam, meinte übersprudelnd: «Gäll, Reni, das ist doch witzig! Von uns allen, die wir da unten um Amacord herum sassen, riechen die Kleider nicht. Wir blieben auch soweit sauber!»

Ich verstand die Welt nicht mehr. Mit dieser Reitjacke hatte ich zwölf Stunden mit Amacord verbracht. Ich hatte ihn festgehalten, sein Blut klebte an mir, ich sass bei ihm auf dem Boden, lag neben ihm im Stall, auch nach der letzten Spritze deckte ich ihn mit meinem Körper zu ... Bald hatte ich das Gefühl, es gab Dinge zwischen Himmel und Erde, für die es keine Erklärung zu erwarten galt.

Viele kamen, um sich persönlich bei Amacord zu verabschieden. Es war für mich sehr schön mit zu erleben, wie durch Amacords irdischer Tod auch vielen Menschen die Angst genommen wurde. Mit dem Tod konnte so natürlich und schön umgegangen werden. Die Kinder zelebrierten ihre eigenen Zeremonien feierlich für und mit Amacord. Chantal kam mit ihrer Mutter und brachte Amacord eine Kerze mit, dann nahm sie einen ihrer Ohrstecker aus dem Ohr, legte ihn zu Amacords «Kondolenzschreiben» hin und sagte zu mir: «Weisst du, ich habe die erst auf dem Markt mit meinem Taschengeld gekauft. Sie waren schon etwas teuer. Aber jetzt kann ein Ohrstecker bei Amacord bleiben und der andere steckt in meinem Ohr.» Einfach unfassbar schön! Ich fühlte mich das erste Mal richtig verstanden. Der Tod war kein Schreckgespenst. Er war nur der Übergang in ein anderes Leben.

An diesem Abend rief Anja mich erneut an. So ohne Spuren war die Situation auch an ihr nicht vorüber gegangen. Obwohl Amacord nach ihren gegenseitigen «Liebeserklärungen» Zeit seines Lebens von Anja nur noch den Übernamen «Kröte» trug, merkte man jetzt doch, wie betroffen auch sie von seinem Ableben war. Als ich sie am Donnerstag informiert hatte, kam sie noch am späten Abend zu uns. Sie gab mir zu spüren, dass sie wusste, was ich fühlte. Und sie gab mir zu spüren, dass sie für die «Kröte» mehr empfand, als ich anzunehmen wagte.

Auch der ältere meiner beiden Brüder rief an, er schien irritiert zu sein, warum ich so ruhig war. Zu Amacords Lebzeiten hatte er mir vorgeworfen, dieses Pferd sei mir wichtiger als mancher Mensch. Mein lieber Bruder, das kann ich nur bestätigen. Da es mein Wunsch ist, am Ende meines Lebens alle Menschen so gerne zu haben, wie ich die Tiere liebe, besteht aber doch noch die Hoffnung auf Veränderung – auch bei mir. Ich freute mich, weil ich spürte, dass auch seine Familie in Gedanken bei uns war. René war in diesen Tagen noch bei ihnen, er brauchte auch Abstand und es tat ihm gut, die frische Lebensenergie seines Patenmädchens um sich zu haben.

Am Abend kamen dann unsere «alten» Reiterweibis, die Zwillinge, noch vorbei. Ich freute mich sehr darüber. Wir machten zu dritt noch Fotos. Die beiden nahmen mich in ihre Mitte. Das waren Momente, in denen ich auch hier auf dem Boden Kraft tanken konnte. Wir lachten und bemerkten, dass wir zusammen soeben 88 Jahre alt wurden!

Ich erzählte ihnen, dass ich darüber nachdenken würde, für Amacord so etwas wie eine Erinnerungskugel zu basteln. Damit würden wir all seine Geschenke von seinem letzten Lebensweg aufheben können. Es musste die Form einer Kugel sein. Mehr wusste ich auch noch nicht. Spontan sagte eines der Zwillingmädchen zum anderen: «Du, das übernehmen wir. Wir werden die passende Kugel und das dazugehörige Material für Amacord finden und euch am späteren Montagabend bringen!»

Sonntag, 11. November 2012, Gesamtschwingung hohe geistige Entwicklung

Manchmal fragte ich mich, warum ich überhaupt noch stehen konnte. Trinken, Essen und Schlafen waren auf ein Minimum reduziert. Und trotzdem war ich voll da, mit so viel Powerenergie geladen, naja. Nach dem Einschlafen wurde ich wieder in eine andere Ebene gezogen. Diverse Wesen waren anwesend. Es ging um unsere alten und neuen Tiere und um sonstige Vorkehrungen. Zu meinem Erstaunen kam René mit. Nach einer Dreiviertelstunde wurde es wieder ruhig. Ich sah auf die Uhr. Es war jetzt genau 3.33 Uhr. René meinte, jetzt wäre er seit 02.48 Uhr wach, liege da und hätte keine Ahnung, warum.

15.15 Uhr, genau drei Tage nach Amacords Ableben, standen Wädi und ich an der Stalltür. Auch Wädi wollte noch ein letztes Mal auf Wiedersehen sagen. Wie nahe jedoch Weinen und Lachen, Ruhe und Action beieinander lagen, bewies Wädi wieder einmal auf seine Art. Mit nachdenklicher Miene drehten wir uns vom Stall weg. Zwei Reiterinnen kamen gerade zur Tür des Vorhofes herein, als das Glück im Unglück geschah.

Wädi rutschte beim Gehen aus und blieb der Länge nach auf dem nassen Boden liegen. Schmerzen hatte er keine, aber wie sollten wir alleine Wädi, mit seinen fast 150 Kilos, je wieder hochbringen? Über seinen roten Notfallknopf lösten wir die Rettungssanität aus. Dann deckten wir Wädi mit Decke und Schirmen, gaben ihm ein weiches Kissen und warteten ab. Wädi meinte verschmitzt zu mir: «Mach dir bitte nicht so viele Sorgen um mich, dass ich hingefallen bin, musste jetzt einfach so sein.»

Wädi hatte seinen Spass daran – man konnte es wirklich nicht anders sagen. Hauptsache, es lief was! Unser Nachbar kam mit dem Hubstapler. Wir holten noch ein Brett in der Schreinerei, um Wädi darauf setzen zu können. Die Sanitäter kamen. Ich hätte zu gerne erfahren, was bei unserem Anblick in ihren Köpfen vor sich ging: Wädi im Element, von drei lachenden Weibern umringt, und ein Nachbar, der den Hubstapler bediente und dazu die Erklärung abgab: «Ihr müsst ihn nur hochheben, dann setzen wir ihn auf das Brett, lassen den Hubstapler etwas in die Höhe und fahren ihn zurück zur Haustür.»

Ziemlich erstaunt machten sie, wie ihnen vorgegeben wurde. Wir Weiber setzten uns hinten aufs Brett, um zu dritt Gegengewicht zu geben, und Wädi wurde vorne aufs Brett gehievt und in die Höhe gehoben. Als er dann nach einem Foto verlangte, und die Sanitäter uns zur Erinnerung abzuknipsen hatten, dachte auch ich nur noch: «Andere Menschen schauen jede Folge von ‹Gute Zeiten, schlechte Zeiten›, bei uns findet man nicht nur eine Filmserie. Wir würden jedem Fernseh-Zapper gerecht werden. Sender 1: Amacord, Sender 2: Wädi, Sender 3: ... ah, da läuft gerade unser Nachbar mit seinen Umzugskartons, Sender 4: ...

Als René nach Hause kam, stapfte er nach oben mit den Worten: «So, jetzt habe ich genug Geistiges gesehen, gehört und erlebt. Mir fehlt bald der Boden unter den Füssen. Ich brauche jetzt etwas Bodenständiges. Hole mir meinen Krimi, ich werde lesen.»

Ups, da fiel mir gerade ein, dass ich ganz vergessen hatte, ihn zu informieren, was mir heute Nacht gesagt worden war. Kurze Zeit später stand René wieder vor mir. Er konnte sein Krimibuch nicht finden.

An diesem Tag kamen auch noch mein Bruder, seine Frau und Töchterchen Rhea. Natürlich nahm mein Bruder meine Erzählungen nicht sehr ernst. Ich warte nur darauf, bis er von Rhea damit konfrontiert werden würde. Rhea und ich tauchten die Finger in Weihwasser und machten Kreuze in Richtung Amacord.

Rhea, momentan noch ein Kleinkind, sass als letzte kleine Nachwuchs-Reiterin unserer Familie auf Amacord. Sie wird sich irgendwann auf einem Foto mit Amacord und ihrem ersten Reiterlebnis wiedererkennen.

Auch unsere Hunde verabschiedeten sich. Sangria ging öfters kurz bei Amacord vorbeischauen. Paquita hatte ich total vergessen, bis sich meine Schwiegermutter telefonisch meldete! Paquita sei so eigenartig, sie glaube, sie merke, dass etwas mit Amacord nicht stimmte, meinte meine Schwiegermutter. Ich war froh über ihren Anruf. Es ist wirklich wichtig, dass auch Tiere von einander Abschied nehmen dürfen.

Mein Lieblingsnachbar ist ein ehrlicher, standhafter Erdling. Manchmal schien es, unsere Ansichten von Himmel und Erde würden so weit auseinander liegen wie der Nord- und Südpol. Und doch verstehen wir uns auch ohne viele Worte. Er war es auch, der mir, spontan wie immer, eine CD brannte mit den Abschiedsliedern für Amacord. Mein lieber Nachbar, ich habe in diesen Tagen die Fotos mit den Orbs gefunden, welche nicht mit Digitalkameras geknipst worden waren.

Gerne erwarte ich deine nächste irdische Gegenerklärung zu unseren Orbs- und Nicht-Orbs-Beweisgeschichten.

Es wurde 20.00 Uhr, es wurde 21.00 Uhr ... Ich fragte Léonie: «Wo bleibt Cyrill?»

Gegen 21.30 Uhr stand plötzlich Cyrills Mutter vor mir. «Du, Cyrill ist unten. Er hat derart Mühe und obwohl er unbedingt will, weiss er nicht, ob er es schafft, sich bei Amacord zu verabschieden.» Dazu muss man sagen, dass Cyrill als Pferdefachmann in Ausbildung doch schon mehrmals ein totes Pferd gesehen hatte.

Ich ging hinunter. Das war auch für mich ein schwieriger Schritt, wusste ich doch, was die beiden alles verband. Angefangen damit, dass sie am gleichen Tag Geburtstag hatten, bis hin zu den vielen Reit- und auch Wanderritterlebnissen, die sie zusammen teilen durften. Ich machte Licht und Cyrill schaute, nach anfänglichem Zögern, doch hin.

Nach einer Weile sprach er, aus dem tiefstem Innern seines Herzens: «Ich habe doch schon einige Pferde in meinem Leben kennengelernt. Aber so eines wie Amacord gibt es nur einmal!»

Natürlich gab es Tränen und natürlich war da eine grosse Trauer, ein riesiger Verlust und doch: Wer durfte sich so glücklich schätzen, derart viele tolle Erlebnisse, so viele lustige Zeiten und, vor allem, ein so langes Leben gemeinsam mit einander zu teilen?

Mit einer Mischung aus tiefer Trauer und unsagbarem Glück gingen wir nach oben. Zusammen mit René und Léonie nahmen wir dann noch auf indianische Weise Abschied. Wir tranken Baileys und reichten uns den Friedensstumpen im Kreis. Andächtige Stimmung, bis auf das Gehuste von Léonie.

Nachdem Cyrill meinen Bericht mit Amacords Erklärungen gelesen hatte, ging es ihm besser. Er sah mich an und sagte mit ruhiger Stimme: «Das ist auf den Punkt gebracht!»

Wir gingen danach nochmals in den Stall. Lange sah er seinen Geburtstagsvetter an und dann meinte er ruhig: «Jetzt verstehe ich, Reni, jetzt ist es wirklich nur noch die Körperhülle.»

Die letzte Kerze, welche ich an diesem Tag bei Amacord im Stall noch anzündete, war die Kerze für eine junge Frau, welche wir seit ihrer Kindheit immer wieder begleiteten. Es tat weh zu wissen, dass wir ihr als Menschen nicht mehr weiterhelfen konnten. Die tiefe Verbindung, die ganze traurige Geschichte, ihre ins Unendliche, ja ins Uferlose fallenden, unzähligen Probleme ... Ich verstand nicht, warum das alles – ohne nur einen Lösungsansatz in Sicht – über die Bühne gehen musste.

Allem Wissen zum Trotz, dass ein Fallenlassen auch eine Chance sein kann, das eigene Leben von ganz tief unten wieder selbst zu erfahren, zu erarbeiten und in den Griff zu bekommen, tat es einfach sehr weh. Jetzt zog ihr Partner gerade aus und sie würde jetzt auf den Boden der Tatsachen hinunter knallen, wie man es keinem Lebewesen wünschte. Ich kann nur noch sagen: «Ich glaube an Wunder.» Nach vielen Fragen nach dem Warum zeigte mir Amacord in einem Traum die neue Frau. Da wusste ich in tiefstem Vertrauen und zum Wohle aller: Es kommt gut.

Spätabends fielen wir ins Bett. René machte mir die Auflage, ich hätte allen Wesen zu befehlen, draussen zu bleiben. Er wolle wieder einmal in Ruhe schlafen.

Montag, 12. November 2012, der Tag, als Amacords Körper definitiv seine letzte Reise antrat

Die letzten Vorbereitungen lenkten mich sicherlich auch etwas von dem bevorstehenden nächsten Schritt ab.

Hufschmied Rolf kam. Wie er später erklärte, war er froh gewesen, zuerst René anzutreffen. Er war sehr überrascht, wie frisch ich aussah. Wir tranken Kaffee und führten wie so oft tiefe Gespräche. Ich erzählte ihm und gab ihm die Notizen zu lesen über das, was alles in dieser doch kurzen Zeit geschehen war. Als er aufschaute und ich ihn fragte, ob er mich für eine Spinnerin halten würde, meinte er ruhig: «Nein, Reni, das ist auf den Punkt gebracht.» – Interessant, hatte ich den Satz nicht schon einmal kürzlich gehört?

Wir fingen an zu philosophieren. Die Gespräche mit Rolf endeten seit jeher mit viel Tiefgang. Rolf kam plötzlich darauf, er wisse eigentlich nicht, was sein Name bedeute. Er wisse nur, dass der mit Rudolf zu tun haben müsse. Ich konnte mir ein Lachen nicht verkneifen, setzte mich an den Computer und suchte seine Namensbedeutung heraus. Dann schrieb ich ihm auf ein Blatt Papier:

Rolf = altdeutsche Form von Rudolf. Bedeutung ist ebenfalls «stark wie ein Wolf».

In Klammern fügte ich noch hinzu: Mein Vater und auch mein Grossvater hiessen Rudolf. Und wenn ich im Todesfall von Amacord übergeschnappt wäre, wie die meisten gedacht hatten, dass es geschehen würde, hätte mich mein erster Weg zu dir geführt. Heute ist mir auch klar warum.

Ich glaube, ich muss niemandem erzählen, was solche Erkenntnisse und die Antworten auf all die Fragen in jedem von uns auslösten.

So gingen wir zu Amacord. Rolf, um die Eisen weg zu nehmen, ich, um die Schweifhaare abzuschneiden und René, um weitere Vorbereitungen zu treffen. Doch auch der letzte Abschied sollte in Würde und Hochachtung vor Amacord gestaltet werden.

Zuerst zündete ich drei Kerzen an. Die höchste für Amacord, an ihr zündete ich die beiden anderen an, ganz im Bewusstsein – für René und mich.

Das Abschiedslied erklang.

In Stille, andächtig, jeder seinen Erinnerungen und Gefühlen nachhängend, fingen wir mit unserer Arbeit an. Einige Tage zuvor sagte ich einmal zu Amacord, dieses Lied könnte ich doch gar nicht abspielen. Für so eine Seele, wie er es sei, würde es doch einfach nur kindisch klingen. Seine Antwort: «Doch, mit diesem Lied nehmt ihr Abschied von meinem Pferdekörper ‹Amacord›.» Das leuchtete mir ein. Gleichzeitig wusste ich nach diesen Worten aber auch, dass der Abschied auf der körperlichen Ebene der traurigste sein würde.

«... Es hängt ein Pferdehalfter an der Wand ... und der Sattel liegt gleich nebenan ... fragt ihr mich, warum ich traurig bin, schau ich nur zum Pferdehalfter hin ... Ich seh das Eisen ... dieses Eisen, das ich selbst ihm schlug ...» – Bei diesen Worten verliess Rolf kurz den Stall.

«... es war mein Freund, ich habe niemals einen andern so verehrt ... Ich sprach zu ihm, wie man nur zu einem guten Freunde spricht ... seinen Platz in meinem Herzen verliert er nicht ... ich weiss, dass ihr glaubt, dass ich verrückt bin. Aber ich schäme mich meiner Tränen nicht ... Nun hängt das Halfter drüben an der Wand ... Ich denk, dass ihr jetzt versteht, warum mir sein Ende nahe geht ...»

Wer weiss, was wir für Amacord empfanden, der weiss auch, was in diesen Momenten in allen Beteiligten vor sich ging.

Doris kam vorbei, um noch einen Kurierauftrag im Namen Amacords für mich zu erledigen. Auch hier wurde mir klar, warum es Doris war. Sie hatte nicht hinterfragt, sie handelte. Mit ihr zusammen und meinem Lieblingsbauern tranken wir einen weiteren Kaffee, bevor es an die weniger schönen Aufgaben ging.

Der Bauer verlegte Bretter, um damit eine Art Rampe zu bauen. Als Rolf und René kurz weg waren, sagte ich zu ihm, dass ich Amacord nachher noch seinen Reiseheilstein umbinden möchte. Ich hatte den grünen Jadestein in einem dunkelblauen Samtsäckchen mit Goldrand und schönem Bordeaux-Satinband vorbereitet. Er sagte zu mir: «Reni, dieser Wunsch kann nicht in Erfüllung gehen. Der Abdecker nimmt dir nichts, und zwar wirklich rein nichts zusätzlich als den rohen Pferdekörper mit.»

Es war mir derart wichtig, so versuchte ich einen weiteren Anlauf zu nehmen und sagte zu ihm: «Es muss einfach eine Möglichkeit geben. Es ist ein Herzenswunsch von mir, dass Amacord mit diesem Heilstein in die Kristallebene reisen darf.»

Der Bauer sah mich prüfend an, nahm den Stein, und ... Wie der Stein für die gemeinsame Reise den Weg zu Amacord fand, bleibt Amacords und unser Geheimnis.

Danach kam René mit seinem «Blue Angel», dem Landrover mit der Seilwinde. Rolf wies ihm den Weg. Der Bauer legte Amacord die Seilwinde an und ich durfte René Zeichen geben. In jedem anderen Fall hätte das Unterfangen «ich gebe René Zeichen» in einer Katastrophe geendet. Doch diesmal schien René meine Anweisungen ganz akzeptabel zu finden. Der Bauer hatte die Seilwinde so perfekt montiert, dass es aussah, als würde Amacord auf der Seite liegen und schlafen. Die Beine vorne, eine Position, die er auch manchmal auf der Weide angenommen hatte. Ich war so dankbar. Allen Befürchtungen zum Trotz war es einfach okay.

Der Bauer und der Hufschmied deckten Amacord noch ein letztes Mal mit den Pferdedecken zu. Danach verabschiedeten auch sie sich.

René und ich warteten noch auf den Abdecker. Alles war ruhig. Ich ging nochmals zu Amacord, kniete neben ihm nieder und wir lauschten erneut unseren Liedern. Als das letzte «.... und Glück für alle Zeit!» ertönte, fuhr der Kranwagen auf den Platz. Der Chauffeur bereitete den Kran fürs Aufladen vor. Andächtig, ein Vaterunser sprechend, umkreiste ich nochmals Amacords Körper. Ein letztes Mal durfte ich mithelfen und ihm die Kranschaufel um den Körper legen. Dann sahen wir, wie dieses grosse Pferd in die Höhe gehoben wurde. Noch einmal drehte es sich in der Luft, dann verschwand Amacord im Innern des Wagens.

Der Motor ging an, der Lastwagen fuhr los, ich winkte ihm noch hinterher. Dann sackte ich schreiend und schluchzend zusammen.

Irgendwie schaffte es René, mich in seine Garage zu transportieren. Irgendwie fasste ich wieder Boden unter den Füssen und irgendwie kehrte die Kraft zurück. Die Kraft, von der ich mich die gesamte schwierige Zeit über getragen wusste. Ich stand auf. In tiefstem Urvertrauen, von René gestützt, machte ich den ersten Schritt ohne und doch mit Amacord an meiner Seite.

Neun Monate später

Wir schreiben den 8.8.2013.

Inzwischen hatte ich kaum Zeit gefunden, um mich selbst neu zu orientieren. Sieben Wochen nach Amacords Reise ins Jenseits folgte ihm unsere alte Hündin. Sie war müde gewesen und hatte ihre Aufgabe mehr als erfüllt. Auch sie durften wir begleiten. Am Schluss akzeptierte sie nur noch, wenn ich sie mit dem Handrücken streichelte. Meiner offenen Hand wich sie aus. Sie wollte keine Energie mehr empfangen, sie wollte und durfte gehen.

Wenig später folgte ihr Wädi. Fünf Tage vor seinem irdischen Ableben ging er ins Pflegeheim. Die Kinder verstanden seinen Entscheid nicht. Unser Jüngster sagte zu ihm: «Wädi, du darfst uns nicht verlassen, du darfst nicht sterben!» Doch seine Seele wollte bewusst alleine gehen. Zu seiner Schwester sagte er noch: «Ich habe nur noch ein Problem, ich habe den Jungs doch versprochen, nicht zu sterben.» Mich erfüllte es mit Hochachtung und Freude, wie er von sich aus sagen konnte: «Jetzt ist es genug, so will ich nicht mehr weiter.» Nach dieser Entscheidung verweigerte er alle Medikamente, das Essen und die Flüssigkeitsaufnahme. Keine 24 Stunden später durfte er das Diesseits verlassen.

Auch wenn es sehr traurig war, dachte ich für mich: «So schön, jetzt hat er keine Schmerzen mehr, kann sich frei bewegen und ist sicherlich auf dem Fussballplatz.» Unser mittlerer Sohn war zu diesem Zeitpunkt im Fussball-Trainingslager im Ausland. Ihm war es stets so wichtig gewesen, seine Fussballkarriere mit Wädi teilen zu können. Als er nach Hause kam und wir ihm die traurige Nachricht übermitteln wollten, unterbrach er uns und sagte gefasst: «Ich weiss, was ihr mir sagen wollt. Wädi ist bei mir im Trainingslager erschienen.» Tränen traten in seine Augen, das Weinen, das nun folgte, war herzzerreissend. Wädi war für unsere Kinder wie ein Grossvater und Retos grösster Fan.

Dann verliess uns ein lieber Mensch, dem die Krankheit die Kraft genommen hatte, obwohl er gerne noch länger bei uns geblieben wäre. Nach schönen, tiefen Gesprächen, sagte mir diese Person auf ihrem Sterbebett: «Das, was du mir über das Jenseits erzählst, gibt mir Hoffnung.» Einmal sagte ich zu ihr: «Weisst du, das ist wie in die Ferien gehen. Du reist vor, erkundest die neue Welt, die sich dir dort auftun wird, zwischendurch schaltest du deinen persönlichen Fernsehsender an und schaust, was wir in der Ferne alles anstellen und irgendwann folgen wir dir alle nach, in die neue Heimat.» Wir konnten zusammen lachen, obwohl der Abschied unumstösslich nahe war. Am Tag von Wädis Beerdigung reiste auch dieser Mensch ins Jenseits.

Die nächste traurige Nachricht liess nicht lange auf sich warten. Im Sommer landete ich mit unserem Jüngsten wegen eines kleinen Unfalls im Wartezimmer des Spitals. Da sah ich durch die Tür eine mir seit Kindheit vertraute Jahrgängerin, ebenfalls Mutter von mehreren Kindern, in die Notfallaufnahme hinein hetzen. Ich fragte mich, was los sei. Prompt erschien mein Vater, hinter ihm stand eine vor Kurzem verstorbene Frau. Ich erkannte sie sofort. Dann übermittelte mir mein Vater, dass es sich um den Mann der verstorbenen Frau und den Vater der soeben in die Notaufnahme gehetzten

Frau handle. Er erwartete nicht einmal eine Frage meinerseits. Stattdessen überschlugen sich beinahe die Bilder, Empfindungen und telepathischen Worte. Zum Schluss wusste ich, dass es sich wie ein Kreislaufkollaps angefühlt haben musste, dies aber nicht der springende Punkt gewesen war. Die Problematik würde darin liegen, dass der Mann lebensmüde gewesen war und ohne seine Frau nicht mehr hatte leben wollen. Okay, das waren viele Informationen und schnelle und doch – so leid es mir tat – ich wollte das Geschehene mit meiner Mutter teilen. Sie hörte mir ruhig zu. Ich sagte ihr auch, dass ich vor hätte, bei ihm vorbei zu gehen. Vielleicht gäbe es eine Möglichkeit zu helfen?

Ein paar Wochen später rief mich meine Mutter an, der Mann sei verstorben. Einen Moment blieb ich still, dann sagte ich nur noch leicht gereizt: «War ja zu erwarten.»

«Ja», sagte sie, «er hat sich umgebracht.»

Ich war wütend und enttäuscht über mich selbst. Ich hatte es gewusst und dennoch aus irgendwelchen anderen, vielleicht manchmal auch stupiden, fehlenden Zeitgründen nicht gehandelt. Meine Mutter spürte meine Verzweiflung und sagte ruhig, aber bestimmt: «Du kannst nicht jeden retten. Es war sein Wille.»

Nachdem etwas Ruhe eingekehrt war, verschwand Amacord von meiner geistigen Bildfläche. Es fühlte sich an wie damals bei meinem Vater. So hatte er Zeit und ich auch, um mit der neuen Situation klar zu kommen und einer Neuorientierung Platz zu geben. Danach konnten wir langsam wieder eine Verbindung auf Geistebene aufbauen. Anfangs hatte ich Mühe, mich ohne Traurigkeit mit ihm zu verbinden. So kappte ich mich aus

Selbstschutz von ihm ab. Inzwischen kann ich mich wieder öffnen, mit Dankbarkeit und Freude unserer neuen Beziehung entgegen sehen.

Timy bekam eine neue Stallgefährtin. Am Anfang war er nicht so begeistert. Als er den Pferdehänger vorfahren hörte, lief er zum Gatter und wieherte freudig. Dann sah er enttäuscht zu, wie ein weisses Pferd die Rampe hinunter kam. Wir führten die neue Stute in den Stall. Timy sah uns konsterniert an und liess die Stute einfach links liegen. Anstatt sie zu beschnuppern und willkommen zu heissen, lief er enttäuscht in die andere Richtung weg, hin zum Gatter am Ende des Auslaufes.

Sein Wiehern glich mehr einem Schrei, als er hilfesuchend nach Amacord in die Ferne rief. Diese Momentaufnahme ging intensiv durch mich hindurch. Ich hätte mitschreien können. Doch Timy und ich arrangierten uns mit der neuen Stute. Unsere Tochter übernahm sehr viel Stallarbeit. Mir fehlte einfach der «Mumm», um weiter zu machen. Einmal, als wir zusammen mit den Pferden laufen gingen, benahm sich die Stute derart doof, dass ich meiner Tochter zurief, sie solle mir wieder Timy geben, ich könne das Theater nicht ertragen. Sie sagte mir darauf hin schnippisch: «Setze dich doch noch weniger mit den Pferden auseinander, vielleicht verlernst du den Umgang mit ihnen dann noch ganz!» So, das sass, und ich merkte, dass ich zwar zu Timy einen Zugang hatte, aber alles Neue von mir wies. Die Stute trottete danach erstaunlicherweise, oder eben auch nicht erstaunlich, friedlich neben unserer Tochter her.

Alles Zureden half nichts. Mein Mann, der Tierarzt, die Freunde, alle waren davon überzeugt, dass Pferde in meinem Leben ihren Platz behalten werden. Ich hörte

Aussagen wie: «Halte durch, nach dem Loch gehts wieder bergauf», «die Freude kommt wieder», «deine neue Stute passt zu dir», «Timy braucht dich». Eine Herzführung auf der Geistebene bestätigte das klar – nur ich konnte nicht mehr. Mit verschlossenem Herzen, müde und abgekämpft, sass ich weinend am Tisch, um meinem Mann zu erklären, dass ich mit den Pferden aufhören werde.

Die Hälfte meines Lebens lag hinter mir – so Gott will, werde ich noch etwas Zeit auf unserer Erde verbringen dürfen. Obwohl ich wusste, wie wichtig der Bezug zu den Menschen, Tieren und zur Natur für mich war, suchte ich meine Aufgabe, meine Kompensation und meinen Ausgleich vermehrt in den geistigen Ebenen.

Unsere Tochter begann bereits mit einer höheren Schule und hatte daher auch nicht mehr so viel Zeit für die Pferde und die Stallarbeit. Die Jungs hatten andere Ideen als das Reiten in den Köpfen und für mich alleine – ich konnte nicht noch einmal von vorne beginnen. Mit viel Selbstüberzeugung erklärte ich meinem Mann unter Tränen weiter, es sei sicher richtig, wenn ich mich jetzt einem neuen Hobby zuwenden würde. Irgendetwas würde ich schon finden ... Irgendwann war doch einfach jeder zu alt und zu müde für die viele Arbeit, die ewige Präsenzzeit, die eingefrorenen Leitungen im Winter, die Mücken und Pferdebremen im Sommer.

Als ich Luft holte, schaltete sich mein Mann dazwischen: «So, und das sagst du, ohne dass du nur ein einziges Mal auf deiner neuen Stute gesessen hast? Jetzt gehst du zuerst hinunter, sattelst das Pferd und wir gehen reiten.»

Ungläubig sah ich ihn an. Wie kam mein Mann dazu, eine solche Forderung zu stellen? Jetzt, da ich mich endlich dazu durchgerungen hatte, meine Zweifel, Wünsche und Hoffnungen zu begraben und einen Schlussstrich zu ziehen, um einem Neuanfang Platz zu machen? Mein Kopf hatte sich entschieden und jetzt wollte ich nach vorne schauen ...

Doch irgendetwas in mir drinnen bewegte mich dazu aufzustehen, liess mich die Putzbürste finden und das Zaumzeug von der Wand nehmen.

René erschien auf dem Stallplatz und wir gingen schweigend nebeneinander her. Immer noch schweigend hielt ich an, ich kämpfte mit dem Gefühl, die Kontrolle über mich selbst zu verlieren. Dann stieg ich doch ruhig und gefasst in den Sattel.

... Etwas in mir erwachte zum Leben, etwas in mir liess längst vergessene und tief verschüttete Gefühle hochkommen, etwas in mir hätte jauchzen können vor Freude. Es fühlte sich an, als würden schwere Metallplatten von meinem Herzen wegspicken und am Boden zerschellen.

Ich vergass alles um mich herum. Ganz in mich selbst versunken fing ich an, ausfindig zu machen, wie das weisse Pferd unter mir auf meine leisen Hilfen reagierte. Und wie es reagierte! Nach weiteren fünf Minuten fühlte ich mich mit dem Pferd verschmolzen. René riss mich abrupt aus meiner Trance: «Und – willst du immer noch verkaufen?»

Ich wies seine Frage erstaunt ab. «Verkaufen? Ich gebe sie nicht mehr her. Morgen beginnen wir mit der gemeinsamen Arbeit – das heisst, ‹Arbeit› ist das falsche Wort. Ab heute wird die Freude uns auf Erfolgserlebnissen aufbauen lassen. Wir werden unsere gemeinsamen Stunden geniessen. Spanisch und edel werden wir zusammen in den Ausgang gehen, unsere Stute Sharina, mit der wunderschönen Namensbedeutung ‹blauer Engel› und ich.»

So hat mir der Himmel eine Herzensliebe genommen und einen Engel geschenkt.

SHARINA – ja, ich heisse dich von Herzen willkommen.

AMACORD – du wirst immer in meinem Herzen weiterleben.

Renate (Reni) Gasser

Ich bin Reni, geboren 1969.

Im Zeichen des Wassermannes bin ich ins Diesseits eingereist als Tochter einer Zürcher Mutter und eines Kärntner Vaters. Damit mein Lernfeld mit genügend Herausforderungen gespickt werden konnte, wurden mir noch zwei wilde Brüder hinterher gesandt.

Vor vielen Jahren lernte ich meinen nicht minder rebellischen Mann kennen – die Herausforderung potenzierte sich. Und wenig später folgte meine grosse irdische Schützenhilfe, mein Vollblüter und ehemaliges Rennpferd: Amacord.

Heute besteht mein Lernfeld in erster Linie aus meinem Mann und, wie sollte es auch anders sein, einer Tochter und zwei Söhnen. Die wilden Herausforderungen sind nicht mehr überschaubar.

Obwohl ich mein irdisches Dasein mit ganzem Herzen liebe, bin ich heute auch dankbar dafür, Einblick in die Jenseitsebenen haben zu dürfen. Zeit meines Lebens durfte ich auf die Unterstützung der geistigen Welt bauen. Die bewusste, tief bleibende Verbindung habe ich vermutlich meinem Nahtoderlebnis im Alter von etwa 3 ½ Jahren zu verdanken.

Mit dem Versuch einer Erklärung, dass alles Erlebte von jedem Einzelnen – ob lustig oder traurig – ja, jede Herausforderung im Leben und im Sterben einen Sinn hat und wir auf die fortlaufende Zusammenarbeit zwischen dem Diesseits und dem Jenseits vertrauen können, ist dieses Buch entstanden.

Heute begleite ich Menschen beratend auf ihrem Weg – zu Lebens- wie auch Sterbezeiten.

Liebes- und Lebensprobleme verursachen bei uns Menschen oft eine Art Knopf, den wir selten alleine lösen können. Das Leben scheint dann wie blockiert zu sein. In solchen Situationen stehe ich meinen Klienten gerne zur Seite.

Ein Fachgebiet von mir ist die mediale Kommunikation, während der ich durch die geistige Welt geführt werde. Ich empfange Worte, Bilder und Empfindungen, welche meinen Klienten Erklärungen und Hilfestellungen zu anstehenden Themenbereichen schenken.

Ausserdem nehme ich gerne Hilfsmittel in Anspruch wie Energiekarten, die Zahlenlehre oder auch die Wirkungen der Heilsteine. Bei körperlichen Beschwerden lasse ich mich über die Empathie in die Energie der Symptomatik fallen. So versuche ich, «den Knopf der Ursache» zu erspüren und Antworten zu finden.

Weitere Informationen finden Sie
auf meiner Homepage www.amacord.ch.

Danksagung

DANKE - von Herzen an meine Mutter, die mir und meinen Brüdern dieses irdische Übungsfeld geschenkt und mich geprägt hat sowie mich zu dem werden liess, wer ich heute bin.
DANKE - an meinen Mann, der als standhafter Erdling immer an mich geglaubt, mich auch in turbulenten Zeiten unterstützt und in Liebe gestärkt hat.
DANKE - an meine Kinder, die mir die Zeit gaben, dieses Buch zu schreiben.
DANKE - all meinen Freunden, die mich so nehmen, wie ich bin, und mir Mut machten, dieses Projekt zu verwirklichen.
DANKE - an Angela, die für mich aus freien Stücken den Kontakt zur Verlegerin herstellte.
DANKE - an Ev und Léonie, die sich der letzten Lesung des Manuskriptes angenommen haben.
DANKE - an meine Verlegerin Tanja Holzer von Wortfeger Media GmbH, die mich spontan unterstützte und mir den Impuls gab, dieses Buch zu vollenden. Ich fühlte mich bei ihr sehr gut aufgehoben und verstanden.
DANKE - an Ossi Möhr, OssiMoehr.ch, welcher das Cover und die Bilder mit viel Einfühlungsvermögen und ohne Ermüdung bearbeitete, obwohl er mein Lebensthema seit jeher als «mars-ianisch» empfand.
DANKE - an die Bewohner der geistigen Welt, die mich während dem Schreiben immer wieder bewusst unterstützt haben und zum Gelingen dieses Werkes beitrugen.

und natürlich ...

DANKE - AN AMACORD

Er hat mir zu Lebzeiten als treuer Begleiter, Freund und Lehrmeister zur Seite gestanden.

Er hat mich zu Sterbezeiten tiefe Erfahrungen und Einblicke weit über den irdischen Tod hinaus erleben lassen.

Ohne ihn wäre ich nicht da, wo ich heute stehe oder die, welche ich heute bin.

Ohne ihn hätte dieses Werk nie ins Realitätsbewusstsein der Leser eintreten können.

DANKE, AUS TIEFSTEM HERZEN, DANKE

Wortverzeichnis

aufjagen/aufjucken: aufspringen
bäbelen: bemuttern, pflegen
Brunz: Mist (im übertragenen Sinn)
Büsi: Katze
Chlapf an den Grind: Schlag an den Kopf, im übertragenen Sinn für das Aufwachen, etwas bewusst werden
durch die Wand stieren: Kopf durchsetzen, durch die Wand gehen
Gotti: Patin
Göttibueb: Patenjunge
Guetzli: Keks
knicken: vergessen (umgangssprachlich, im übertragenen Sinn)
Läckerli: Keks, Belohnung
lupfen: heben
Muli: Maultier
Nuggi: Schnuller
Ohrengrübler: gemeiner Ohrenwurm
Papi: Vater
pfuttern: wettern, schimpfen
Rüebli: Karotte
Schnösel: Lausejunge
stämpfeln: stampfen
täubelen: trotzen
Tubeli: Depp
verkacheln: anstellen, Mist bauen
Verrückte: schlechte Laune
Weibis: Mädels, junge Frauen
Znüni: kleiner Imbiss vormittags